ちくま新書

現代語訳 般若心経

玄侑宗久
Genyu Sokyu

615

現代語訳 般若心経【目次】

一、「般若心経」(大本)の訳　025

はじめに

†理知を知る

『般若心経』は難しい、と思われている。

たしかに本文二百六十二文字の内容は、あまり類例がないほどに凝縮している。きちんと学ぼうと思えば、十八界（じゅうはっかい）を初め、四諦（したい）や十二因縁（じゅうにいんねん）など実存的苦悩への仏教的洞察、また人間の認知機能に対する分析なども知らなくてはならないし、さらにはこのお経ができる頃までの仏教各派の議論なども踏まえなくてはならないだろう。大袈裟（おおげさ）に云えば、これは『大般若経』六百巻のエッセンスとも云えるわけだから、難しいと感じるのも無理はないのである。

難しさのもう一つの側面は、この経典が手頃な長さであるせいもあって、解説書が山ほどあることだ。しかもそれらは、じつにさまざまな観点で書かれている。学問的な研究書も無数にあるし、場合によっては宗派的な特徴を感じる解説書も多い。最近では全くほかの学問分野の方による訳書まで出ている。いったい何が本当の『般若心経』なのか、という難しさも伴うのである。

しかし何よりこのお経の難しさの本質は、人間の理知を超える体験をしようというところにある。

難しいのにこれほど読まれ、唱えられているのは、じつはそのことが人間にとって極めて重要な課題であるせいだろう。

†合理性の限界

人は生まれて成長するに伴い、いわゆる自我の確立へと向かっていく。これはべつに、近代的な自我がデカルトによって唱えられたからではない。ずっと昔から、人はなぜか「個」として自立することを、社会に生きる人間の目標に据えてきた。できあがった「個」が連携して世界を構成すると信じ込んできたのである。

むろんデカルト以後、それは主に西欧人の常識にもなり、今や「個」の自立や、そこから合理的に世界を解釈することは、すべての現代人の常識になりつつある。世界は合理的に解釈されるべきものであり、非合理は「迷信」と呼ばれ、それはいずれ「科学」の進歩によって克服されるべき恥部のように考えられている。

まるで人間の理知が、以前の神の如くに信じられているのである。

しかし人間の合理性が推し進めた科学は、はたして世界の謎を減らし、人を「しあわせ」へと導いているだろうか。

こんなはずではなかったのに、というのが、現代の人々の実感ではないだろうか。

†ソクラテスの誤算

はるか紀元前五世紀、そのことに気づいた人がいた。

彫刻家の父と助産婦だった母の間に生まれたソクラテスである。

彼は著作をいっさい残していないが、弟子のプラトンの記述を信じるなら、その思考の中心に置かれたのは「汝自身を知れ」というデルフォイの神託だった。そして彼は、自己とは身体よりもむしろ霊魂（プシュケ）であり、この霊魂をよい状態に保つことに人間としての「しあわせ」があると考えた。

霊魂などと云うと眉を顰める人もいるかと思うが、理知によっては捉えられない生命原理をそう呼ぶとするなら、それは間違いなく存在している。

しかしソクラテスがそのために取った方法は、今となっては不備であったと云うしかないだろう。帰納法や概念的定義は、後世学問の方法として大いに珍重される。対話におけるアイロニーも、合理性に深みを与える方法だったかもしれない。しかし彼は、理知では届かない「無知の知」を大いに自覚していたにも拘わらず、結局はそれを体現する手立てを見出せなかった。煽動者との批判から七十歳で死刑宣告を受け、痛ましくも毒杯を仰いで死ぬのである。

†いのちの全体性へ

同じ頃、しかし我々が釈尊とか世尊と呼ぶゴータマ・シッダールタは、同じテーマで悩んだ末に大いなる「目覚め」を得た。そして「ブッダ」と呼ばれたのである。

ソクラテスがロゴスによって到れなかった生命あるいは「しあわせ」の実感に、彼はとうとう「瞑想」という方法によって辿(たど)り着くのである。

もともと言葉を用いた理知的な解釈は、生のリアリティーを感じるためには誠に不向きである。自らが状況の内側にいて感じるリアリティーは、外側から理知で眺められれば当然まったく別な事態になる。霊魂（プシュケ）がある種の「全体性」であれば、むろん理知によって到達できるはずもない。いかにソクラテスがデルフォイの神託どおり賢明であり、その弁明が優れていたとしても、理知的な分析知は必ずや「全体性」を分断する方向にはたらく。「全体性」とは、体験的に観ずるものであって分析するものではないのである。

世尊が提出したのは、理知によらないもう一つの体験的な「知」の様式である。そして世尊はそれを「般若(はんにゃ)」と呼んだ。これはサンスクリットでは「プラジュニャー」、パーリ語では「パンニャー」と云うが、この「パンニャー」が音写されて「般若」になった。

ちなみに日本では、「般若」というとあの角の生えたお面を想いだす方も多いかと思うが、あれは女性の嫉妬の究極を表したお面で智慧とは何の関係もない。ただあのお面を得意とした彫り師が般若坊という名前であったため、「般若のお面」と呼ばれたに過ぎない。ゆめゆめ混同しないでいただきたい。

「般若」の捉える「全体性」は、無常に変化しつつ無限の関係性の中にあり、それはいつだって絶えざる創造の場である。そこでは、我々の成長に伴って確立されるという自立した「個」も、錯覚であったと自覚される。そして自立した「個」を措定していたことこそが「迷い」や「苦しみ」の元であったと知るのである。

おそらく、世に云うお釈迦さまの「悟り」や「目覚め」の内容とは、主にはそういうことではなかったかと、今の私は思っている。

「個」の錯覚が元になった自己中心的な世界の眺めは、このもう一つの「知」である「般若」の実現で一変するのである。絶えざる変化と無限の関係性が「縁起」として実感され、あらゆる物質も現象も、「空」という「全体性」に溶け込んだ「個」ならざるものとして感じられる。そのとき人は、「涅槃（ねはん）」と呼ばれる究極の安らぎに到り、また「しあわせ」も感じるのではないだろうか。

†瞑想という知

こうしたもう一つの「知」の系譜は、たまたまというかほぼ共時的に中国でも発生していた。

老子や荘子によってである。

『荘子』には「吾、我を喪う」（斉物論篇）とあるが、彼らも瞑想をしていたのは確かだろう。それによる「全体性」の実感を、老子は「道（タオ）」と表現し、荘子は「渾沌」と云ったのである。

おそらくはそれが世尊と近似した実感であったため、仏教もスムースに中国に浸透したのだろう。「ブッダ」は当初、荘子の言葉から「大覚」と訳された。またブッダの菩提樹下での瞑想に焦点が当てられ、達磨大師の仏教が中国に禅として根づくのも、そのような瞑想的な「知」の在り方がすでに老荘を初めとする道家系統の体験知として存在していたからだと思える。

しかしそれでも理知的な「知」と誤解されることを懼れた鳩摩羅什や玄奘三蔵は、

『般若心経』のなかのそれを原語のまま、「般若」と音写した。いや、「般若波羅蜜多（はらみった）」というキーワードを、意訳しようとしなかったのである。なぜなら、それこそが提出すべきもう一つの「知」そのものであり、訳せば通常の「知」に堕してしまうからである。

「般若波羅蜜多」は「プラジュニャー・パーラミター」の音写だが、「パーラミター」は従来「到彼岸」と訳され、全体としては般若によって理想郷に渡ることだと解釈されてきた。最近では違った語根説から「パーラミター」を「完成」とか「究極」と訳し、「般若波羅蜜多」は「智慧の完成」と訳されることが多いが、いずれにしてもそれは知的に理解できることではない。名詞で訳されるとなおさら実践から離れる気がするが、「般若」はあくまでも実践的叡智であることを忘れてはいけないだろう。

むろん彼らは、それによって辿りつく「悟り」の境地も「阿耨多羅三藐三菩提（あのくたらさんみゃくさんぼだい）」という音写のままにした。この二つと最後の「呪（じゅ）」だけが、翻訳されずに音写で残されたのである。

我々は、こうした彼らの深い思惑を、あらためて素直に受けとめなくてはならない

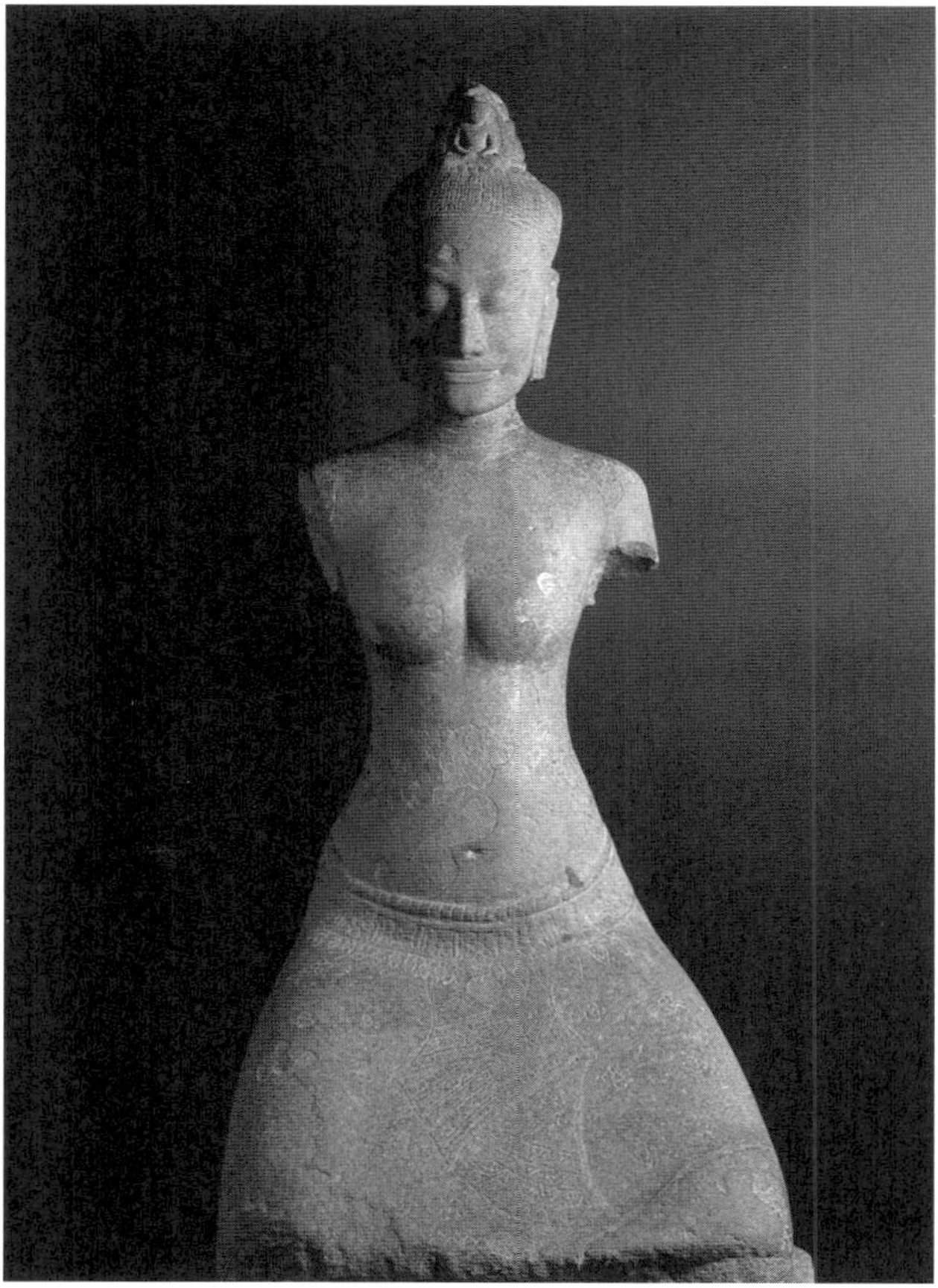

カンボジアの仏教には「プラジューナーパーラミタ（般若波羅蜜多）像」という仏像が存在する。苦行を捧げた王妃がモデルと云われ、出家者の宗教がここでは家族や国家と矛盾なく息づく。「苦」の超克が、瞑想的な表情と頭上の化仏アミターバで示される。アンコールから出土。プノンペン国立博物館蔵。

だろう。

この経典は、すべてが理知によって解釈されるはずだという科学主義に対し、「いのち」や「しあわせ」というリアリティーはそうではないのだと、いわば真っ向から挑戦状を突きつけている。本文で詳しく述べるが、仏教の精密かつ哲学的でさえある認識を、含みつつ超える道を示し、理知とは別な「知」の様式を示そうとしたのである。

ブッダは弟子たちの幾(いく)つかの質問に沈黙を以て答えたとされ、それは「無記」と呼ばれているが、このことの真意もそういうことだった気がする。弟子たちを導こうとしている「目覚め」の体験からすれば、合理的な説明や議論がかえって体験を妨げることがあることを、世尊は熟知していたのだろう。人間がいかに言葉の意味にさらわれ、合理性に絡めとられやすいかを、きっとブッダや老子や荘子はつくづくご存じだったのである。

『般若心経』は難しいと申し上げたが、それは何よりこの経典が、我々に以上のような体験的な「知」への転換を迫るものだからである。

むろん経典に書かれた内容は、初めにも述べたようにてんこ盛りである。これを理知的に理解することも当然必要になってくる。

その上でさらに「知」の転換を図らなくてはならないというのだから、この経典に込められたものは深甚である。

ゴージャスと云ってもいい。

しかし理知や合理性の限界を感じはじめている現代の我々にとって、これほどもってこいのお経があるだろうか。

いやこれは、じつは科学技術がここまで発達した現代に限った問題ではない。

老子はすでにブッダと同じ頃、「民に利器多くして、国家滋（ますます）昏（みだ）る」（五十七章）と云い、「智慧出でて大偽あり」（十八章）と書いた。人間が合理性を根拠に便利さを追求する本性は、たぶん言葉を使いはじめたとき以来連綿とありつづけ、それによって失われる「いのち」のリアリティーを憂える人々は昔からいたのだろう。そんな人々が「道（タオ）」や「渾沌」、そして「明」や「般若」を説いたのである。

話をずいぶん広げてしまったが、とにかく『般若心経』には我々が「いのち」のリアリティーを取り戻す現実的な道が示されている。むろんソクラテスと同様、世尊は一冊の著作も残さなかったから、このお経だって世尊が書いたわけではない。それどころか、これは仏滅後数百年経ってから書かれたフィクションである。

しかし、時間が経っていることもフィクションであることも、けっしてそのこと自体が経典の価値を貶（おとし）めることにはならない。あらゆる人間の著作はフィクションなのだし、物事の「全体性」が常に人間には把握できないものである以上、人は他人の脳に構築された虚構をなぞることで事実の意味を知ることも多い。そしてそのために、「歴史」と呼べるほどの時間を要することも、稀ではないのである。

いったい世尊が瞑想によって到らせようとした境地に、このお経はどんな方法で導こうとしているのか、それは本文を読み、さらには実際に体験して確かめていただきたい。

なお『般若心経』は主に流布本が知られているが、ここでは状況設定などがわかりやすいようにまずは「大本」の訳を示し、その後に「小本」の変化した流布本の訳と書き下し、さらには白文を示すようにした。大本は、岩波文庫『般若心経・金剛般若経』（中村元、紀野一義訳註）を参考にさせていただいたことを謝してご報告申し上げたい。

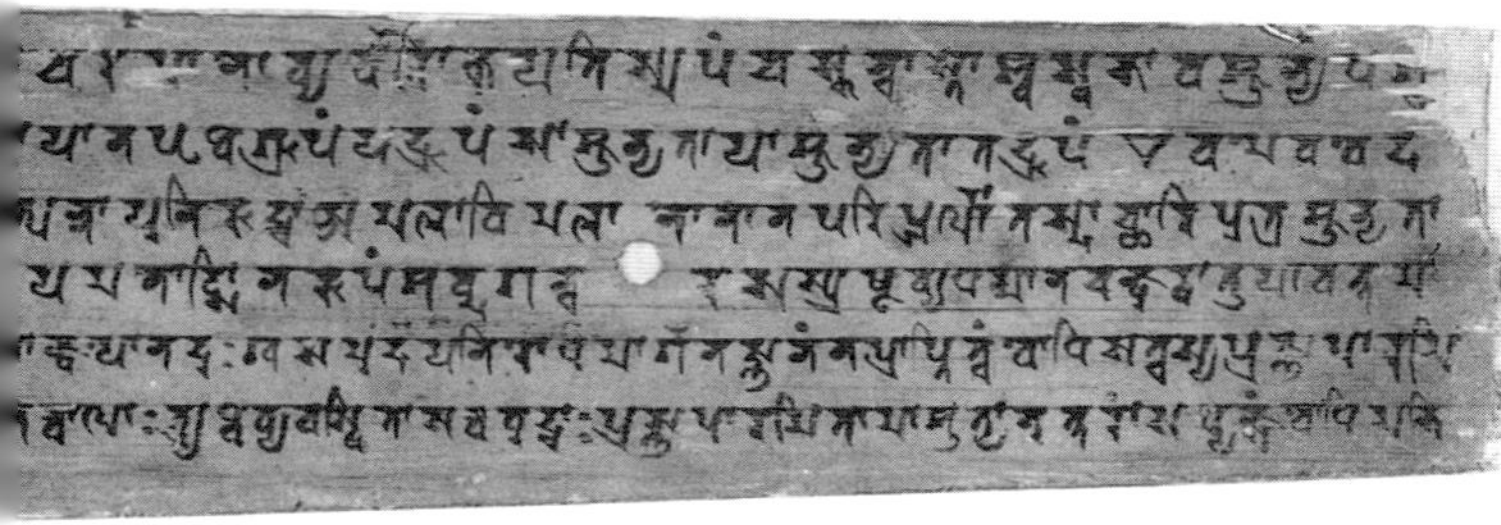

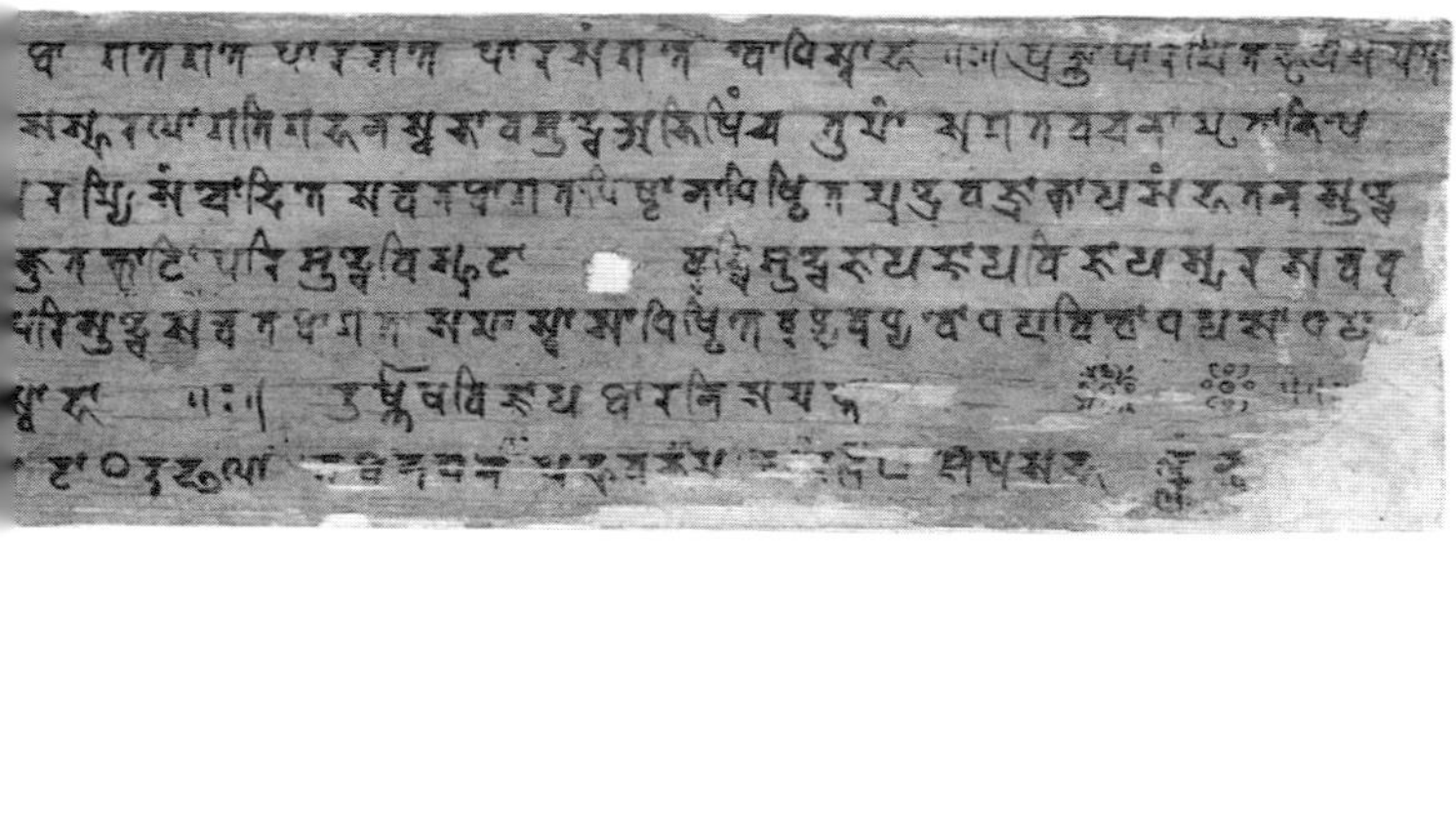

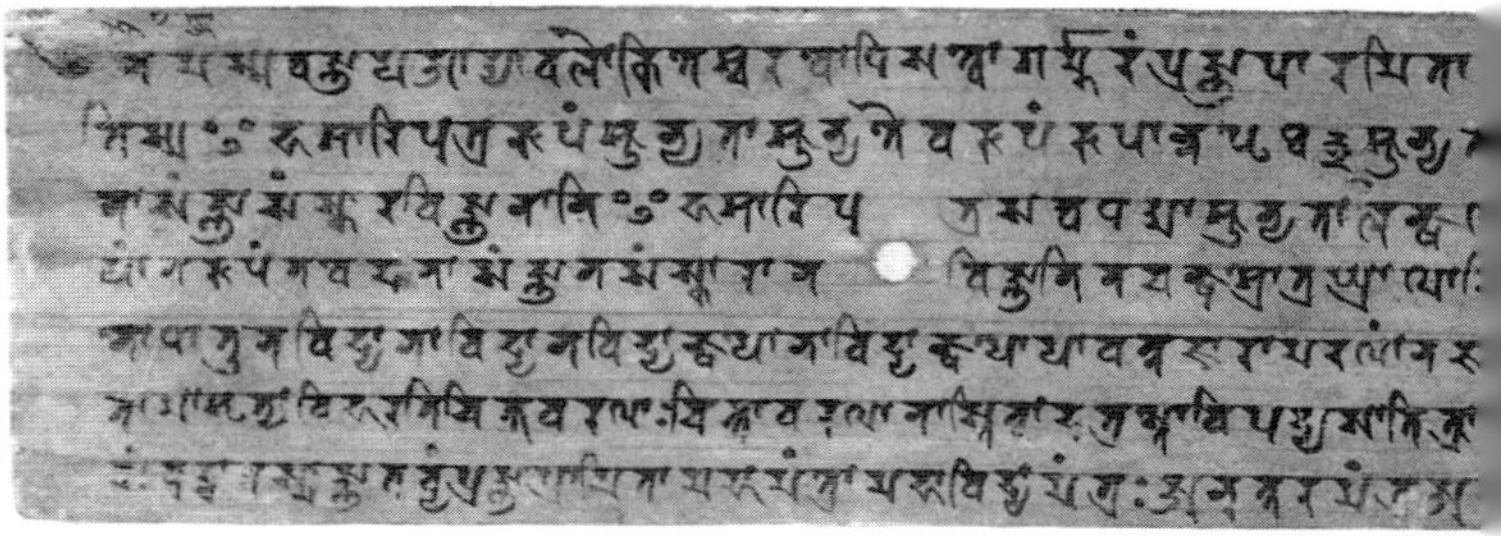

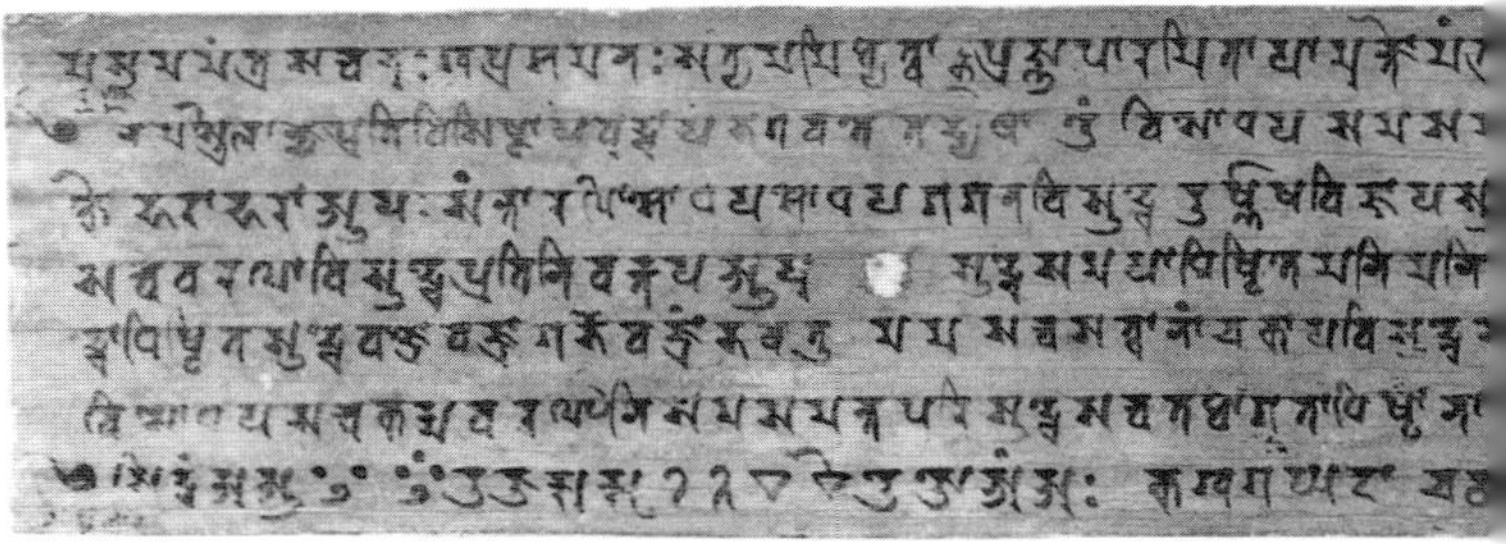

法隆寺に伝わった『般若心経』サンスクリット写本。貝葉（貝多羅葉、ターラ樹の葉）に記されている。8世紀後半のもので、現存する世界最古の『般若心経』原本。東京国立博物館蔵。

一、「般若心経」（大本）の訳

摩訶般若
波羅蜜多

私はこんなふうに聞いてます。

シャーキャ族の聖者、釈迦牟尼世尊がラージャグリハ（王舎城）の郊外にあるグリドゥフラクータ（霊鷲山）に、大勢の求道者・修行者たちとおいでのとき、たまたま世尊が悟りの深い禅定に入っている最中にシャーリプトラ（舎利子、舎利弗）さんが訊いたらしいんです。

「もしも立派な若者が、般若波羅蜜多（智慧の完成）を実践したいというなら、どのように学べばいいと、答えてあげればいいでしょう」

世尊は禅定に入っておられたので、観自在菩薩が代わりに答えたんです。

観自在菩薩　行深般若波羅蜜多時　照見五蘊皆空　度一切苦厄

シャーリプトラさん、じつは私、その般若波羅蜜多のための実践をしてるときに、五蘊は皆「空」なんだって、わかっちゃったんですよ。

†五蘊とはなにか

　どうしてもそれは、実践的に身につけるしかないことです。しかも「般若」とは、「智慧」と訳してしまうとしっくりきませんので、般若の完成のための実践という意味で、ここではそのまま「般若波羅蜜多」と申し上げておきましょう。

　実践的な智慧とは云っても、しかしまずはその真意を理知的に理解する必要がありますので、ご説明しましょう。

　五蘊というのは、むろんシャーリプトラさんはよくご存じなはずですが、一応その心ある若者たちのために申し上げておきますね。

それは、私たちの身心を構成する五つの集まり、色、受、想、行、識を意味します。色というのは「ルーパ（rūpa）」のことですから、物質的現象、もっと平たく云えば「形あるもの」、つまり私たちに準えればこの「からだ」のことです。残りの四つがその精神作用ですが、受というのは外界と触れて何らかを感受すること。具体的には眼・耳・鼻・舌・身・意という「六根」が、色・声・香・味・触・法という「六境」を感受する、その感覚のことですよね。

眼に見えるものが「色」、耳に聞こえるのが「声」、鼻に匂うのが「香」、舌に味わうのが「味」、身（皮膚）に感じるのが「触」、意に抱く思いが「法」という具合です。「法（ダルマ）」は、真理、法則、実在、教え、モノなど、いろんなレベルの意味を持ちますが、ここでは「思い」という意味で受けとめてください。

†感受から知覚へ

五蘊の三番目は「想」ですね。

六根が感受したものは次第に脳によって情報化されていくわけですが、たとえば眼から入ったすべてを我々は見ているわけじゃありません。「あ、カラスだ」とか、「あ、赤い服だ」と、まとまって知覚したことだけが認識にまで進むわけです。

このとき、脳内で何が起きているのかは複雑微妙ですが、そんなふうに知覚した瞬間、我々の脳内の神経細胞（ニューロン）には「同期」という現象が起こっているという説があります。つまりニューロンを流れる電流の波が、その瞬間にぴたりと揃うということです。これは二十世紀の神経生物学者フランシスコ・ヴァレラという方の研究によるものです。

え？　そうですよ。私、観自在菩薩です。観音なんて呼ばれてますから、一応なんでも勉強するんですよ。時間も空間も、じつは自在に行き来しちゃうんです。

それはともかく、そんなふうにカラスとか赤い服と知覚されることが「受」の次の「想」になるわけです。

これは通常、哲学用語で「表象（ひょうしょう）」と訳されていますが、つまり受け取った情報が、脳内の何らかのイメージを引き寄せ、それに合致することです。表象とは、ですから脳内にできあがる具体的なイメージと云えるでしょう。

たとえば声で云いますと、私が「ヤマ」と云うのと、若い女性が「ヤマ」というのでは、声の音色だって周波数だって全く違うわけでしょ。しかしそれを、我々は同じ「山」と聞く。入り乱れた音声情報のなかから「山」という意味を聞き分け、それを頭の中に表象させているわけです。むろんそれは、予め「山」が頭の中にあるから可能なんですね。脳内に潜在していた「象（かたち）」が意識に表面化することを「表象」というのです。

今のは聴覚についての例ですが、視覚でも触覚でも全く同じことです。遠くにぼんやり見えている山並みが、「あ、山だ」と知覚された途端、脳内でなんらかの意味や感情を伴った認知がなされるわけですね。それが「想」だと考えていいと思います。

たぶん、知覚というのも同じことだと私は考えています。

私は感覚と知覚という言葉を区別して使っていますが、それは感覚が受けとめたなかで表象化され、意味のある初期の情報になったものが知覚だと思うからです。いわば感覚が「受」、知覚が「想」です。

†知覚から認識へ

そして知覚されたら今度は四番目の「行」が芽生えます。これは意志のことですね。「山」なら「登りたい」、「赤い服」なら「着たい」というような意志に繋がるわけです。

これは実際にそうするかどうかとは関係ありません。「行」とは、特定の方向に気持ちが志向することです。

そうして六根から入った情報は、表象や意志を伴ってすべて五番目の「識」というものになります。「行」で芽生えた意志を、そのまま実行しても、あるいは事情によってそうしなくても、脳にはなんらかの認識が芽生え、蓄積されます。これが「識」です。

「識」というのは、人間が受胎の瞬間から持っているもので、その後の見聞や体験でどんどん複雑に増殖していきます。あらゆる知識や認識の総体と考えていいでしょう。単純な記憶も含みますが、記憶しているという意識さえないものまで含んでいます。

云ってみれば、受・想・行という作用をする主体も、この「識」なのです。

†実体はない

以上の、「色・受・想・行・識」という五つのはたらきの集合（五蘊）が我々人間なのですが、それが全部「空」である、と私は実感しちゃったわけなんです。

ちなみに、どうして私たち人間を「五蘊」と表現したかというと、これらはみな、誰もが自分自身だと錯覚してしまう事柄だからです。体も感覚も表象（知覚）も意志も認識も、どれも自分だけの確固としたものだと思いやすいでしょう。「これが私だ」と錯覚しやすい。でもそれは本当は違う、と云いたいわけなんですね。

なんだかシャーリプトラさんを前にして、ずいぶん基礎的なことまで申し上げてしまいました。

あなたが相手なら、本当はもっと簡単でいいのですが、ご質問は「若者が智慧の実践をする際の方法」でしたよね。どうも観音さんのクセでして、つい若者相手のように話してしまいますが、ご了承ください。

要するに、ここでは今申し上げたような「五蘊」がみな実体ではなく、関係性のなかで仮に現れた現象だと思っておいてください。

今はまだ実感がないかと思いますが、ちゃんとわかるように話していきますので心配しないでください。

とにかく「五蘊はみな空だ」ということがわかったお陰で、私は一切の苦悩とか災厄を感じなくなってしまったんです。

あ、これ、シャーリプトラさんに云ってるんじゃありませんよ。

そのことを、何よりもまず若者たちにお伝えいただきたいんです。

こういうのは世間じゃ「老婆心」なんて呼んでるようですが、こっちでも口の悪い若者は「観音ばばあ」なんて呼ぶんですよ、私のこと。

でも私はね、本当は男なんですよ。じつを云うと、阿弥陀さんが転輪聖王(てんりんじょうおう)だったときに作った千人の子供の長男、第一子なんですよ。『法華経』にそう書いてあります。見た目がなよなよしてるんでよく女と間違えられるんですけどね。ほら、ヒゲだってあるでしょ、薄いですけど。

たしかに、ヒゲがある。建長寺蔵。

まぁそんなことはどっちでもいいんですが、とにかくこのことは、なんとしてでも伝えなくちゃならないんです。「観音ばばあ」とでも何とでも、呼びたきゃ呼べばいいんです。

しかし「五蘊はみな空だ」と云ったって、なかなか若者にはわかりにくいでしょうから、これから詳しく申し上げますね。

お気づきかと思いますが、さっき申し上げた「色・声・香・味・触・法」の「色」と、「色・受・想・行・識」の「色」とは、意味する内容が違いますね。

初めのほうはあくまでも眼が見る対象ですから、形の意味ですが、後者は、六根が対象にする全てを意味します。つまり、「色・声・香・味・触・法」の全てが「色」という言葉で括られているわけです。

今後も、この両方の意味で「色」という言葉は登場しますので、ご注意ください。

†出逢いのたびに変化する

まずは若者のために、私たちの感覚と世界との関係について、簡単な説明をしておきましょう。「空」については、仏弟子のなかでも最も深く理解し、「智慧第一」と云われるシャーリプトラさんのことですから、少々退屈かもしれませんが、一応確認のつもりで聞いてください。

まず私たちの感覚の対象となる「六境」ですが、この「色・声・香・味・触・法」が我々に認識されるには、その対象自体に「変化する」性質が具わっていなくてはなりません。たぶん若者には唐突に聞こえると思うのですが、この理屈、シャーリプトラさんには自明のことですよね。

たとえば部屋の中に観葉植物が見える、という状態を考えてみましょう。

それが眼に見えるのは、もちろん太陽光線や蛍光灯の光がその葉に反射し、反射光が我々の眼の網膜に届いているからですね。

ところでその場合、光は葉の表面に当たったとき、まず変化します。光の三原色は赤・緑・青ですが、観葉植物の場合ですと、赤系と青系の周波数の光が光合成に有効であるために吸収され、とりあえず無用とされた緑の光だけが反射されることになります。

むろんどんな光を反射し、どんな光を吸収するかは、モノ自体の性質によって異なるわけですが、ともあれ光の一部だけが反射されるからこそ、そのモノには「色（カラー）」があることになります。だって太陽光線をぜんぶ反射しちゃったら、それは色にはならないでしょ。逆に全部吸収しちゃったらみんな真っ黒になってしまいます。色や形が見えるのも、まずは光とモノとの「出逢い」によるお互いの変化のお陰なのです。

しかしもちろん、それだけではモノは見えません。反射した光が空気中を伝わって網膜に届く。それも、空気の変化する性質に依存しています。さらに、網膜に届いた光エネルギーが、そこにある特定の神経細胞によって化学エネルギーに変わり、それがまた電気エネルギーに変換されることで、ようやく脳内に画像が立ち上がる材料になります。

この流れの中で、モノは出逢いのたびに変化していることに注目してください。モノは見えつづけ、聞こえつづけるだけで変化しつづけ、しかもそれを見た眼も聞いた耳も変化しつづけているのです。

変化するからこそ関係しあえる。関係するからこそ見えたり聞こえたりという「受」も起きるのです。

念のため、耳と音についても例を示しておきましょうか。

たとえばカラスの声が聞こえるとすれば、それはまずカラスが声帯を震わせたからですが、その振動は変化しながら空気中を伝わり、空気を次々に変化させながら鼓膜まで届きます。むろん、鼓膜も変化するものだからこそ、その刺激を脳内に伝えてくれます。

変化するからこそ眼に見え、耳にきこえるのです。この理屈、ご理解いただけたでしょうか。

じつは先ほど紹介したrūpa（＝色）は、サンスクリットとパーリ語に共通の言葉なのですが、「形あるもの」という他にもう一つ、大切な意味があります。

それは「変化するもの」「壊れるもの」という意味です。

このことは、rūpaと共通の語根をもつパーリ語のruppatiという動詞に、「変化する」「壊れる」という意味があることからも想像できるでしょう。現在ではこの二つの言葉の語源的関わりを否定する説もあり、語源学的には複雑であるものの、少なくとも世尊がrūpaをそのように捉えていたことは経典からも明らかです。『阿含経（あごんきょう）』相応部には、「壊れる（変化する）ゆえに色と呼ばれる」とはっきり書いてあります。つまり世尊は、物質とは「変化するもの」「やがて壊れるもの」と理解されていたのです。

ですから仏教的なモノの見方をまとめるなら、あらゆる現象は単独で自立した主体（自性）をもたず、無限の関係性のなかで絶えず変化しながら発生する出来事であり、しかも秩序から無秩序に向かう（壊れる）方向に変化しつつある、ということでしょうか。

「三法印（さんぼういん）」と呼ばれるお釈迦さまの言葉に直せば、これは「諸法無我（しょほうむが）」「諸行無常（しょぎょうむじょう）」という事態です。無限の関係性のなかで生起するから「諸法無我」、絶えざる変化の中で、ですから「諸行無常」です。

ちなみに「三法印」の残りの一つは、「涅槃寂静（ねはんじゃくじょう）」。これは今から申し上げる「般若波羅蜜多」が実現すれば煩悩の炎も消え、永遠なる安らぎが訪れるということです。

†空だから関係しあえる

さて、無限の関係性のなかの絶えざる変化、という実相の在り方を、お釈迦さまは「縁起（えんぎ）」と呼びました。これは「因縁生起」の短縮形とも云われます。「絶えざる変化」であればそこには当然「因果」が含まれ、また「無限の関係性」ですからむろん「共時性」も含まれます。

仏教では「因果」を「異時」、「共時性」を「同時」と呼びますが、双（ふた）つながら此の世が「縁起」するからこそ存在すると云えるでしょう。

あらゆる現象は「空」（=自性がない）であるから「縁起」する。また「空」であるから「因果」も「共時性」も存在するのです。

ちょっと難しいですが、この理屈をまず若者にはお伝えください。ただ「共時性（同時）」というのは、理知的に理解できることではありませんので、あとでまた詳しく触れます。

わかりにくいかもしれませんが、ここではさまざまなモノ同士が関係しあえるということは、とりもなおさずそれらがお互いに「空」であるから、と認識しておいてください。私たちの六根に感じられるということも、六境と六根が変化しつつ関係するからなのだということ、ご理解いただきたいと思います。

なお六根というのは、眼・耳・鼻・舌・身プラス意ですが、これはそれぞれの器官というより、それぞれ視覚や聴覚、嗅覚、味覚、触覚という機能として広く捉えていただければ幸いです。

「縁起」に触れたところで、一応、お釈迦さまが示された「縁起の法」を、示しておきましょう。二つの文のそれぞれ前半が「同時」、後半が「異時」を意味しています。

此れ有るとき彼有り、此れ生ずるに依りて彼生ず
此れ無きとき彼無し、此れ滅するに依りて彼滅す

こんなふうに、実相は「同時」と「異時」を両方含みながら、絶えざる「流動」として生滅しつづけているのです。単に「相依性」と表現されることもあります。

舎利子　色不異空　空不異色　色即是空　空即是色
受想行識亦復如是

ともあれ、まずはシャーリプトラさん、若者には「色は空に異ならず」とおっしゃってください。つまりあらゆる物質に自性はなく、単独で固定的に実在するものではない、ということです。

そのことは、これまで申し上げた「縁起」と「無常」を考えあわせていただければ

当然のことですよね。

†全体は個の総和ではない

「空」の原語は「シューニャ」というのですが、本来は「何もない状態」を意味するほかに、数字の「ゼロ」も意味します。たとえば「四〇七」という数字の真ん中の「ゼロ」が存在する意味をちゃんともつように、「何もない状態」というのも、全く何もかも存在しないと云っているわけではありません。

ここでは、今申し上げた「自性」という固定的実体がない、全ては関係性のなかで変化しつづけている、ということを「シューニャター」（空性（くうしょう））と表現したのです。つまり「空」が「シューニャ」、そのような実相の特質が「空性」、「シューニャター」ですね。

全ては時々刻々変化しつづける関係性のなかの出来事、ということですが、簡単にこれを「仮和合（けわごう）」と云うこともありますよね。無数の縁が仮に和合して現象した、という見方です。世尊はそれこそが宇宙（梵）の実相であると徹見され、その全体性を、「空」と表現されたのです。

ここで重要なのは、あくまでも「全体」は「個」の集合ではない、ということです。科学は、以前は「個」を集めれば「全体」になる、つまり「全体」は「個」に還元されると前提していたようですが、今やそれが幻想かもしれないことは、科学者自身が感じています。

「全体」とは、常に部分の総和以上のなにかですし、仏教ではその「全体性」のほうを先に見つめ、そしてそこに溶け込みつつ関係している「個」を認識しました。それゆえ、「色不異空」という見方になるのです。

ひとたび「空」がわかれば、山も赤い服も、みな単独で自立した実体ではないと納得できることでしょう。

†世界は千差万別

実相は「空」。しかし我々は、どうしてその実相を捉えることができないのでしょう。

根本的な問題は、やはり我々の感覚器や脳の能力でしょう。

たとえば犬に見えている世界とハチや鳩に見えている世界、そこにはそれぞれの「色」があるはずです。

ここで「色」というのは、六境と六根が出逢い、感覚器と脳とで把握した現象のことです。

人間も含め、今申し上げた四者がたとえば同じ花瓶を見たという場合、それが同じ物体に見えないだろうことは見当がつきますよね。

その場合、人間に見えている姿だけが物体の実相だなんて云えないでしょう。

考えてみれば私たちは、光がその物体に反射し、それによって網膜に届いた情報を化学情報から電気情報に変換することで脳内に画像を立ち上げています。しかも網膜にはカラーで感じる円錐(えんすい)細胞が約五百万個、モノクロでしか感じない桿状体(かんじょうたい)細胞が約一億個あるわけですが、その数がちょっと違っていたら別な画像になります。

当然、犬やハチや鳩は感覚器がまったく違うわけですから、花瓶はまったく別な姿を見せるはずです。

　犬は人間より赤外線を感じるようですし、またハチとか鳩は紫外線を感受するそうですから、画像はちょっと見当もつきません。

　しかも人間の場合、花瓶の用途やその他の常識的知識、またそれ自体から立ち上がる具体的な思い出なども持っているために、その視覚情報は意味のある表象になります。使用法も知らず、匂いもしない花瓶を、犬や鳩などは感受したとしても知覚するかどうか疑問です。もしかすると表象化されないのではないでしょうか。

　ハチだって興味があるのは花瓶に挿された花だけでしょうから、花瓶など意識にさえの

ぼらないかもしれません。

ついでに云えば、モンシロチョウには赤い色が見えないらしく、黄色に強く反応して寄ってきます。いずれも生まれつき具わった遺伝的プログラムとはいえ、住む世界が私たちとまったく違って見えていることは納得いただけるでしょう。しかもモンシロチョウの幼虫である青虫は黄色にも全く反応せず、彼らの世界はほとんど嗅覚で構成されているというのも面白いことです。とにかく「いのち」それぞれのシステムの違いで、その感覚に捉えられる世界はまったく違った様相を示すということです。

†植物の知覚

その意味で、植物はまた別な世界に住んでいます。

たとえば最も多種多様に進化したランは、花粉媒介を担う昆虫の形態や行動に合わせて特殊化したと考えられています。つまり特定の虫の姿にそれぞれ唇弁(しんべん)を似せ、その虫を引き寄せる匂いを発し、しかも虫が気に入るような感触まで作りだすと云われます。むろん花の色は、はっきりと環境のなかで目立つよう、戦略的に決まってきます。しかし彼らには、とくに感覚器に当たる器官は発見されていません。動物のような眼・耳・鼻・舌・身・意が見当たらないのです。

しかし感覚がなければ「適応」という事態もありえないわけで、そのことに拘ったのがあの文豪として名高いゲーテでした。ゲーテはイタリアに作った自分用の植物園で二年間研究に没頭し、「植物の変態について」という論文を書き上げます。そして彼は全ての植物のもとになった「原植物」を想定し、それは無数の形態に発展する能力をもち、知覚を超越した能力をもっていたと推測しました。

その考え方がやがてチャールズ・ダーウィンに受け継がれ、彼はゲーテの「原植物からの発展」という考え方を軸にする形で進化論をまとめるのです。しかしダーウィンにとっても植物の感覚は気がかりだったらしく、一八五九年に『種の起源』を発表した三年後に出したのは『ランの受精』という本でした。また最晩年には『植物における運動の力』を発表しています。

ダーウィンは幼根の先に感覚器や神経系にあたるものが存在するのではないかと仮定し、研究をつづけましたが、とうとう死ぬまでそれを発見することはできませんでした。しかし植物にも感覚能力があるという認識は、最後まで捨て去ることができなかったようです。

もしかすると、植物には眼・耳・鼻・舌・身・意という六根に分かれる以前の、総合的で根源的な感覚があるという考え方もできるのではないでしょうか。それは大袈裟に云えば、「空」を「空」のまま感じる能力かもしれません。もしもそうだとすれば、中枢神経の末端を肥大化させて脳を作り、その感覚を器官によって分化した動物たちは、ある意味で植物よりも退化したのかもしれないと、私は思います。

しかしまぁ、そのことには深入りしないでおきましょう。

ただ全ての命に平等な価値をお感じになった世尊という方は、あるいはそのようなことも感じ取っていたかも、とだけ申し上げておきます。

ともあれ、生命のシステムによってその感じる世界は千差万別だという話は理解していただけましたね。

これだけ申し上げたのですから、まさかもう「普通の人間」に見えるのが「本当の姿」だ、なんて思いませんよね。

†色の背後に空を感じる

本題に戻りましょう。

ともかく人間に見える「色」も犬に感じられる「色」も、またハチや鳩やモンシロチョウに感じられる「色」も、いずれも「空」という実相に依存しているわけですね。「無常」であり、「縁起」のなかで変化しつづける「空」だからこそ、それぞれの感覚と関係しあい、それぞれ別な「色」を作るのです。

「色は空に異ならず」です。

しかしそれと同時に、私は「空は色に異ならず」と申し上げたいのですが、これは納得していただけるでしょうか。

要するに、あらゆる現象には自性がないために、すべては感受する感覚器やその場の時空間に限定され、常に特定の「色」として現れるしかないということです。

だから「色」を実体視することは問題ですが、同時に虚無的に見ることもない、ということなのです。「色」は常に実相そのものではありませんが、とにかく実相はいつも「縁起」して特定の「色」として顕現するわけです。

ですから我々には、不完全な感覚機能と脳とで感じる「色」の背後に、「空」という全体性の片鱗を感じとるしか今は方法がありません。

世尊は、感覚を信じるなと何度も何度もおっしゃっていますが、それは実相の「空」という在り方を実感してほしいからです。感覚が捉え、脳によって表象されたものは既に実相ではない。それを世尊はわかってほしいのです。しかしそれならいったい、どうやって「空」は感じればいいのでしょうか。

焦らないでください。おいおいちゃんとお話しします。

あ、シャーリプトラさんに云ってるんじゃありませんよ。すみませんねぇ、すっかり若者に話してる気分になりきっちゃって。私って、状況に塡(はま)りやすいんですね。

†色と空の関係

さてもう少し、「色」と「空」との関係について申し上げましょう。確認のために聞いてください。

これまで申し上げたことから、「色即是空」という言葉は、充分納得いただけるだろうと思います。

我々が知覚するあらゆる現象は、空性である。つまり固定的実体がない、ということですね。

それならその逆の「空即是色」はどうでしょう。

これはさっきも申し上げましたが、「空」であるが故に「縁起」し、あらゆることが現象してくる、ということです。

これで私は、「五蘊はみな空だ」ということを説明するために、まずは視覚的な対象である「色」を例にとって四つのことを申し上げました。

則ち「色不異空」「空不異色」「色即是空」「空即是色」です。

なんとなく、空性という在り方について、理知的にはご理解いただけたのではないかと思います。

むろん実感はできないかと思いますが、まだしばらくは理知的な理解を進めていいただきたいのです。

✝宇宙も変化しつづける

「空」について、少し別な側面から考えてみましょう。

先ほど私は、シューニャター（空性）という特性を、自分という現象だけでなく宇宙（梵＝ブラフマン）にも敷衍されたのが世尊であると申しました。これはつまり、世尊が宇宙にも実体はないと考えたということです。

実体がないといっても、内部では絶えず変化が繰り返されています。そしてその絶えざる変化こそが、宇宙の創造原理です。

ある意味では、人間も一つの宇宙です。常に無限の関係性のなかで変化しつづけています。

この宇宙と人間とを、それぞれ変化せしめる主体として、インド人は「梵（ブラフマン）」と「我（アートマン）」を考えたわけですが、そこに実体があるかどうかについては、じつはいろんな宗教宗派によって、あるいは学派によって考え方が異なります。

本当は仏教のなかでも、それを実体視する学派はあるのです。
しかしここでは、ブラフマンもアートマンも実体ではない、と考えるのが仏教だと思ってください。少なくとも観音である私の話すこの経典では、そのような考え方が前提になっています。

ですから、誤解を避けるためにも、自己のことを私は「我」と云わず「五蘊」と申し上げているのです。「蘊」とは「集まり」のことです。たまたま縁起によって集まった体と精神機能の集合体が「私」であり、それは絶えず無数の関係性のなかで変化しつづけています。いわば「五蘊」としての「私」は、常に世界に開かれているのです。

いや、そう申し上げるよりも、少なくとも「私」については世界を含めたその全体が初めに意識され、それが五つのはたらきの集合として分析されたというほうが正確でしょう。

†固定的な自己はない

大袈裟にいえば、人間に影響する関係性は宇宙にまで広がります。宇宙の総エネルギー量は常に一定だと、アインシュタインは云いましたが、その観点からすれば、私という五蘊の変化は、宇宙全体にも何らかの影響を与えているはずです。

むろん逆も真です。月や太陽、その他の恒星や惑星の影響も、我々には常にあるはずなのです。単純に、一日のうちでの温度や明るさという主に太陽による変化でさえ、私たちの気分と無関係とは云えないはずです。また月の満ち欠けがいのちのリズムに与える影響も、意識できない部分でかなり大きいものなのです。

それにしても、なぜに全ては変化しつづけるのでしょう。

それは恐らく、全てが「不完全」だからです。

私も宇宙も、不完全なままに「縁起」によって変化しつづけているのでしょう。「梵」にさえ「空性」を見たのが世尊であると申しましたが、当然「我（アートマン）」というのも「五蘊」という開かれた無常の存在であり、しかも「空性」だとされます。つまり世尊は、ウパニシャッド哲学の云う「梵我」という二元を、共に「空性」であると悟って止揚されたのです。この意味での「梵我一如」を悟ることが初期の「悟り」とされました。

「我も空である」ということは、当然のことですが「我」には固定的実体がないということです。今で云うアイデンティティーとかパーソナリティーなど、仏教は認めないのです。

何かを見る、聞く、嗅ぐ、あるいは光を受けるだけでも、私たちは少しずつ変化しています。むろん我々の感覚器の能力を超えたモノともしょっちゅう出逢い、少しずつ少しずつ、知らないうちに私たちは意識できる以上に変化しつづけているのでしょう。それが生きているということでもあります。だから固定的な自己というのは、仏教的にはどう考えてもナンセンスということなのです。

「我」を固定的実体だと思い込むことからくる傲慢さを、仏教では「我慢」と云います。よく「我慢しなさい」などという科白を聞くことがありますが、そんなことはモッテノホカです。我々は、固定的実体などないと悟ることで謙虚にもなれるわけですし、何よりそのことが、悟るべき第一のことなのです。

老婆心ならぬ老爺心でいろいろしつこく申し上げましたが、般若波羅蜜多の実践のための基礎的な認識はできてきたのではないかと思います。

†「ありのまま」はアテにならない

これまで「色」というものの「空性」について主に述べてきましたが、「受・想・行・識も亦復た是くの如し」です。

もう若者にも想像がつくとは思いますが、一応念のため、観音の繰り言を申し上げておきましょうね。

「是くの如し」とはむろん「空である」ということです。

感覚機能が「色・声・香・味・触・法」と接して抱く「感覚」も、それが脳で知覚されたときの「表象」も、それによって生ずる「意志」も、また「認識」も、みな「空」であるということなのですが、大丈夫でしょうか。

具体的に例を示してみましょう。

たとえばあなたが、道で躓いて転んでしまったとしましょう。

するとまず、「受」が地面とぶつかった衝撃やからだの前傾した不安定感などとして細かく起こり、やがてそれは過去の経験なども含めて「躓いて転んだ」のだと知覚され、「躓いて転んだ痛み」というものが表象されてきます。そのとき一瞬に甦る過去の場面などもあるかもしれません。そしてそれが痛みを増幅することもあり得るでしょう。あるいは誰かが押した可能性を疑うこともないとはいえません。そんなこんなが一瞬に駆けめぐったあとで、あなたは「まぁともかく起きあがろうか」と意志するでしょう。そしてまた、その記憶から「ああ、やっぱり道を歩くときは躓かないようにゆっくり歩かなくてはいかんなぁ」と認識したとします。

まぁ人によっては、こんな所に躓くような石を置いたのは誰だ、とブリブリするかもしれません。

いずれにしてもこうした一連の「受・想・行・識」という流れは、「さまざまな関係性のなかの暫定的な出来事」ということなのです。なぜかと云うと、つまり起こった現象を感受した時点ですでに「私」が関わっています。「私」とは、先に申しましたようにこれまでの無数の「識」の集合体です。先入観もありますし、これまでの「識」によってできた感受性も、すでに特定の方向性をもっているでしょう。

特定の方向性というのは、はっきり申し上げれば「私」本位、自己中心的な方向ということです。

いわばそういった脳のクセと、この場合は触覚という感覚器とが「連合」して結んだイメージが以上の「受・想・行・識」ですから、結果的にじつに身勝手な「身識」ができます。しかもそれを、今度は「意」がまた把握しなおすことになりますので、それらはけっして「ありのまま」の実体などではないのです。

「痛み」はこの「私」が感じるものである以上、客観的実在ではありません。あたりまえですね。

ここでは、「客観的実在」などない、という状態を実相と認識し、しかもその在り方を「空」と述べていることを、あらためて認識してください。だから我々の脳に現象した「受・想・行・識」は、あくまでも主観と客観との関係性のなかの産物。私たちが感じる「ありのまま」など、けっして「本当のありのまま」ではないということなのです。

触覚の例はわかりにくかったかもしれませんが、味覚も同じこと。たとえば「識」の集合体が、なんとなく「この人、嫌い」と告げていれば、その人の作った料理だって「ありのまま」の味は示しません。いや、「ありのまま」の味など、初めからないのです。嫌いな人の作った料理にはどうしても批判的になりますし、好きな人が作れば闇雲（やみくも）に美味しく感じられたりします。つまり、「受」にさえ客観性などない、と云えるでしょう。

まして「想・行・識」など、特定の関係性における「私」に起こる一時的（無常）な現象にすぎません。「うまい」「もっと食べたい」「あの人は料理がうまい」という「想・行・識」も、逆に「まずい」「この場から逃げだしたい」「あの人は料理がヘタだ」という「想・行・識」も、まったく実体などではなく、「ありのまま」でもなく、アテにも出来ないということなのです。

純粋な主観も客観も、仏教では認めません。

全ては「色・声・香・味・触・法」が「眼・耳・鼻・舌・身・意」に出逢ってお互

いが変化し、その結果感「受」され、さらに脳内で「想・行・識」と変化しつつ生みだされる一時的な現象にすぎません。

受・想・行・識も亦復た是くの如し、おわかりいただけたでしょうか。

是くの如しと簡単に云っていますが、本当はここに「色不異空・空不異色・色即是空・空即是色」と同じように、「受不異空・空不異受・受即是空・空即是受」から「空即是識」までの十六句を挿入したいわけです。しかしさすがにそこまですると観音ばばあも嫌われると思いますので、省略することにします。

舎利子　是諸法空相　不生不滅　不垢不浄　不増不減

こういった空性の原理は、此の世に存在する全てのものについて云えることです。それが「是の諸法は空相」ということです。

†生滅は捉えきれない

諸法すなわちあらゆる現象は、本当は生まれもしなければ滅することもない。汚れるということもありませんし、浄(きよ)らかになることもありません。また増えたとか減ったというのも、錯覚というしかありません。

これらは全て、脳と感覚機能の連合による、勝手な判断なのです。

考えてもみてください。

どの時点で「生まれた」と云い、どの時点で「滅した」というのか。たとえば人間にとっての「死」のポイントなど、今でもはっきりしないではないですか。脳死も、あるいは呼吸停止・心停止・瞳孔散大という死の三兆候も、すべて文化的な取り決めであり、自然はあくまでも人間の判断に関係なく境目もないまま移行しつつあるにすぎません。

生まれる前も、死んだ後も、何もないという捉え方は「断見(だんけん)」と云って世尊は否定されました。むろん、同じ命が死後にも同じように続くとは思っていません。これは

「常見（じょうけん）」と云われるのですが、もちろん世尊はこれも否定されたのです。

あらゆる命はたえず無限の関係性のなかで変化しながらいろんな形に展開していくだけ。

そのグラデーションの、境目のない変化の波の特定のポイントを「誕生」とか「死」と呼ぶのは、物事を固定化したがる脳の仕業ということです。

無から何かが発生することは、あり得ません。

何かが生まれたとするなら、それ以前に材料があったはずですし、その材料だって何かが展開した結果でしょう。たとえば一人の赤ちゃんも父親の精子と母親の卵が融合しつつその他の関係性のなかで展開したもの。むろんその源は果てしなく辿れます。また突然野原に花が咲いたのも、人間の認知能力で辿ることは難しいにしても、ちゃんと種の飛んできた源があり、それを飛ばした風があり、それを活かした雨や温度があったのです。

そう考えると、「生まれた」という認識も「滅した」という認識もありのままの実相ではなく、じつは脳内に現象した大雑把な「概念」に過ぎません。解けないほどに絡み合った関係性を、とりあえず無視してザックリ切った認識と見るしかないのです。

†個物に向き合う

ここで、「概念」というものについて少し考えておきましょう。

心がどのように生まれるかを、チンパンジーやヒトの子供による実験から解き明かす発達心理学者のプレマックによれば、「概念」というのはヒトに特徴的な現象だそうです。

ただチンパンジーなどの場合、右、左というような簡単な概念は持っているようです。

たとえば右か左か片方の箱に、バナナを入れる場面をチンパンジーに見せます。それから仕切りを取って自由に動けるようにすると、チンパンジーは見てからかなり時間が経っていても、まっすぐバナナが入っているほうの箱に向かうそうです。

これがイヌですと、肉を入れたほうの箱をじっと見つめ、やはりそちらに行こうとするそうですが、途中でそのイヌを抱き上げ、位置や向きを変えてしまうともうわからなくなるそうです。ただうっすらと肉が入れられた記憶はあるのでしょう、あらためてどちらの箱かを探ることになります。

ネコの場合はもう初めっから右も左もあったものではありません。ただ「今」の、主に嗅覚を頼りに無心に嗅ぎまわるだけです。

ヒトの場合は、子供の頃からこれとはかなり違います。

たとえば二歳から四歳までの子供に、大中小の人形を順番に並べて見せると、子供たちは縦横の並べ方はさまざまでも、一応大中小の順番を守り、見せたものを模倣して並べるそうです。また片方の皿にはニンジン・リンゴ・オレンジなどの果物・野菜などを載せ、もう一方にはイヌ・ネコ・ウマなど動物の人形を置いて見せると、子供たちは数はまちまちでも動物の皿と植物の皿とを区別して新たな人形を置いていくそうです。

このことは、彼らが大中小や植物・動物という「概念」を理解し、それを模倣したことを意味しています。

プレマックはこれらを「生得的(せいとくてき)な準備のある概念」と捉えています。つまりヒトは生まれつき、こうした概念を潜在的に持っているというのです。

それに対し、四歳児ではまだ殆んど習得されていないような概念もあります。代表的なのは「同じ」とか「違う」という異同の概念です。

つまり四歳くらいまでの子供は、お父さんの帽子と幼稚園の帽子を「同じ」帽子とは認識しませんし、また靴下でも、縞々だろうが花柄だろうがそれを敢えて「違う」靴下とは思わないそうです。

与えられた環境をそのまま喜んで受け容れるしかない幼児にとっては、取捨選択のためのそうした概念はいわば不要なのです。

考えてみれば、しかし私たち大人の生活はこの異同の概念によって埋め尽くされていると云っても過言ではないでしょう。

帽子や靴下ばかりでなく、これはこういうものだ、こうじゃなきゃいけない、あるいはこうであってはいけないと、個物にきちんと向き合うこともなくさまざまな判断を繰り返しています。いわば無数の概念を使って「分別」し、それこそが「私」だと信じ込んでいるのです。

一瞬、「概念」というのは、ヒトだけがもつ立派なもののように思うかもしれませんが、仏教ではこれを「戯論（けろん）」と呼びます。パーリ語では「パパンチャ」ですね。そしてこれは、物事の実相を見るためには是非とも排除すべきものと考えられています。鼻で嗅ぎまわるネコのほうが、よほど概念から自由だということです。

プレマックの実験結果によれば、三歳以前の子供のように、とにかく個物を見よ、ということなのかもしれません。

†捏造される分別

諸法が空相であることの説明として、先ほど私は「不生不滅」と申しました。次なる特徴として申し上げたかったのが「不垢不浄（ふくふじょう）」なのですが、「きれい」「汚い」などは代表的な概念。戯論の最たるものと云えるでしょう。

そのことを、ここでは理解していただきたいと思います。

いったい何が汚くて何がきれいなのか、どなたか科学的に説明できるでしょうか。

じつはこれ、「私」というフィクションが出来上がってくるにつれて現れてくる分別です。要するに「私」にとって親しく好ましいものは「浄」なのであり、好ましくなくて他者と感じられる存在が「垢」なのです。幼時には「不浄」などなかったことを憶いだしてください。あれが汚いこれはきれいと、親やテレビやさまざまな人々に教わり、またその後も勝手な判断を積み重ねていきます。当然それは「識」として蓄えられていきますから、心の奥底まで浸透していきます。「汚い」と、ほとんど無意識に反応するようにさえなるでしょう。しかしこれは、私たちが持って生まれた性質などではない、プレマックの云う「生得的な準備のある概念」でもありません。異同の概念と同様に、我々の大脳皮質があとになって作り上げたかなり捏造度の高い概念なのです。

我々の大脳皮質は、ほぼ四歳くらいで左右を繋ぐ脳梁（のうりょう）が完成すると云われています。つまりそれ以前は右脳も左脳もなく、それぞれが下部にある辺縁系や脳幹部と直に繋がっているだけ。この状態は、いわば辺縁系や脳幹部に蓄積されていた情報が、体の動きなどの刺激によって大脳皮質にダウンロードされる期間と考えられています。これによって、おそらくプレマックの云う「生得的な準備のある概念」も発生するのでしょう。これは生物としてあまりに無力なヒトが、生きていくのにどうしても必要な概念だったのかもしれません。

しかしモノの生滅を初め、異同や「きれい」「汚い」という概念は、明らかにそれ以後、大脳皮質が作りだしたものです。

自己鏡像認知、つまり鏡に映った姿を「私」だと認識するのは、だいたいヒトの子供で二歳程度だと云われますが、そこで基本が形づくられた「私」は、こうしてさまざまな概念を作り、分別を重ねながら精密になっていくのでしょう。

それを人は、成長と呼びます。

しかし仏教では、「仏に遠くなるぞ悲しき」などとも歌います。前半は「幼子(おさなご)の次第しだいに知恵づきて」ですね。

このような知恵と般若を混同してほしくないから、私は初めから「般若」と申し上げてきました。

これらは仏教的には智慧ではなく、先ほどの「戯論」です。

これを取り除かないと、「空」なる実相は感じられない、ということなのです。

どうしてもしつこくなってしまいますが、ご理解いただけたでしょうか。ですから「是の諸法は空相」なのですが、それを感じるためには「戯論」を離れなくてはいけない。換言すれば、捏造された「私」から解放されなくてはならない。なので、「生」や「滅」という概念、あるいは「垢」とか「浄」という二元論的な概念を離れてほしいと、私は訴えているのです。

二元論というのは、大脳皮質の得意技ですよね。

ほかに美醜とか善悪、尊卑などもむろん概念。実相とは関係ない大脳皮質のでっちあげです。たえず流動して捉えどころのないものを固定化し、対立価値を置いて比較することですっきり理解しやすい「色」に仕上げるのが、どうも人間脳の仕事ではないでしょうか。

†概念は危ない

若者たちは、ときに勝手に作り上げた「美」とか「善」という概念で、苦しさも生みだしています。しかし「美」や「善」そのものがでっちあげなのですから、それこそ本当は実体のない「空」です。自己も「真・善・美」も「空」と認められれば苦悩もなくなる道理です。

え？　「真・善・美」がでっちあげというのは言い過ぎ？　怖い？

それならその反対の「偽・悪・醜」というものを考えてみてください。こんな実体が、どこかにあるとお考えですか？　それこそちょっと怖くありませんか？

まぁブッシュ・ジュニア大統領は、正義も悪もたしかに存在すると云っているようですが、こんなのも肥大化した概念が生みだした「戯論」にすぎません。

概念の怖いところは、それが常に主観の理解しやすい鋳型に実相を無理矢理収めてしまうこと、またそれによって比較できないものを比較せしめ、ときに競争するための尺度を提供することです。

ちょっと概念に深入りしすぎたでしょうか。

†目線を引く

「空」のもう一つの側面は「不増不減」です。

「増さず、しかも減らない」というのですが、この見方ができるためにはもう一度、「空」が全体性であることを認識していただく必要があります。

関わりあい、変化しつづける全体性として現象を見れば、またしてもアインシュタインが云った言葉「宇宙の総エネルギー量は常に一定」という原理に戻ることになります。

たとえばコップの水が減ったとしましょう。私たちはどうしても「減った」と思うわけですが、それは誰かが飲んだのならその人の胃を通り、今頃は大腸あたりで吸収されていることでしょう。また蒸発して「減った」のなら、水蒸気に形を変えたに過ぎません。やがては青空に浮かぶ雲の一部にもなるでしょうか。

ここで目線をずうっと引いてくれるよう、若者に云ってください。シャーリプトラさんにはお馴染みの方法かもしれませんが、お月様あたりまで目線を引いていって、地球規模に事態を眺めるのです。

ほうら、何も減っていないでしょう。

むろん何も増えてもいないはずです。

H_2Oという分子レベルで見ればまだ増減があるかもしれませんが、少なくとも地球規模での水素と酸素の原子として考えれば、まるで一定していることに気づくことでしょう。

つまり「増」えた「減」ったというのも、大局的に見れば概念だということなのです。これも全体をまず感じているからこそ出来る見方と云えるでしょう。

水
こくこく
減った
いや、
移った。
あるいは
水蒸気に
形が変わった。
不増不減
ほんとかよ

†世界は粒子で構成できるか

こんな原子の話を持ち出すのは、ズルイとお考えでしょうか。しかしシャーリプトラさんもご存じのように、インドにはすでにウパニシャッドの時代から「分割できない元素」という考え方があり、それを「極微（ごくみ）」と云いましたよね。それが七つ集まると「微塵（みじん）」です。

そしてインドの人々は、分割できない元素が集まって世界を構成するのは、最終的には無理だと判断しました。純粋に論理的にです。

どういうことかと云いますと、たとえば二つの「これ以上分割できない粒子」が結びつくのは、どうなると可能かといいますと、二つの粒子が接触して合体するケースがまず考えられます。その場合、たとえばそれぞれの粒子の東側と西側がくっつくと考える。しかしそれですと、粒子には東側とか西側という「部分」があることになり、「分割できない」という定義に反します。

分割できない、ということは、大きさがないということです。当然「部分」もありません。それなら大きさのない粒子が接触せずに物質を構成できるのではないか、という反論も考えられます。しかし仏教論理学者たちは、それだと大きさのない無数の粒子が二つの粒子の間に存在することも可能になってしまい、果ては宇宙そのものさえ、二つの粒子間に陣取れるではないか、と反論しました。

ほぼ同じ頃、ギリシャではデモクリトスが原子論を唱え、彼は手のような鉤（かぎ）のついた原子（アトム）に拘りましたが、もし仏教論理学者がそれを聞けば、即座に「鉤」という「部分」がある以上それは分割できない粒子ではない、と反論したでしょう。仏教の原子論のほうが、その意味で論理的に洗練されていたと云えるでしょう。

実際、原子はこれ以上分割できない粒子ではないことがその後判明し、電子と原子核、さらには原子核を構成する中性子や陽子の発見を導きました。これはいわば、あくまでも粒子にこだわるデモクリトスの子孫たちの執念がもたらした発見です。

現在ではクォークや超ひもという「物質」まで理論上で「発見」されていますが、これもどうしても世界を粒子で構成させたいという彼らの情熱の結果でしょう。

いわば大脳皮質が「色」を求める欲求に素直に従っているのが、西洋的な「科学」

なのかもしれません。

インドの人々はとっくの昔にそれを諦め、「空」という様態を発見したと云えるでしょう。物質を粒子の総合体として見るのではなく、あくまでもエネルギーに満たされた全体の中のある種の凝集(ぎょうしゅう)として捉えたということです。「空」という考え方は、そういう意味でも画期的だったのです。

†わかるようには分けられない

量子力学では物質のミクロの様態を、「粒子であり、また波である」とします。測定の仕方でどちらの結果も得られるというわけですが、端的に、それが「色」と「空」なのだと考えても、基本的には間違いでないと思います。

ただ問題なのは、「粒子であり、しかも波である」という事態は、通常の理性には理解が困難だということです。

波が粒子で成り立っているということではありません。最小の単位が「粒子であり」しかも「波である」というのです。

これは固定的実体か流動的事態か、ということですが、普通はこれが両立するとは考えられません。

しかし私は、じつはこれと同じことをさっきから申し上げています。「色即是空」でしかも「空即是色」だと。

「般若波羅蜜多」が実現すれば、そういう実感になるのですから仕方ありません。たしかにそれは、大脳皮質には理解しにくい事態かもしれませんが、もっと深い私たちの脳は、潜在的に知っているのです。じつは私たちが生きていること自体、この一見対立するような視点の双方によって相補的に支えられていると云っても過言ではないでしょう。

ああ、なんだかややこしい話になってしまいました。

基本的なことだけ確認しておきます。

諸法すなわちあらゆる現象は「空相」であって、それは生じたり滅したりもしないし、垢がついたり浄らかであったりもしないし、増えたり減ったりもしない、ということでしたね。

一切を波動の変化、ダイナミックな流動として見れば、そういうことになるということです。これは一切の二元論を避けた見方、と云うこともできるでしょう。

ところが人の脳は、すぐに粒子化したがる。粒子化するとそれをすぐに二元化したがるのです。

一つの大きなうねり、連続した幾重もの波を思い浮かべてみてください。

どのポイントを「生」とし、どのポイントを「滅」とするのか、またどこ以上を「浄」とし、どこ以下を「垢」とするのか。「増」と「減」は傾きで明らかかもしれませんが、連続している以上その分岐点は明確にできないはずです。また実際はうねりが無数に交錯していますから、一つのうねりを取り出すことじたい、すでに全体性ではありません。

しかし脳は、こうしたはっきりした概念の物差しで単純化して事態を把握したがる、ということなのです。

「わかる」というのは「分ける」ことによって成り立ちます。

分けられない「空」を、わかるように分けて固定化したのが「色」です。

もともとは有無の渾沌にある存在を、「生じた」と認知して立ち上げ、さらにそれを「浄」とし、「増」とし、「善」とし、「美」として喜んだりしていますが、こうした「分別智」は仏教では「空」に戻すべきもの、一掃すべき戯論であると考えるのです。

「空」は、「無分別智」とも云われます。

是故空中無色　無受想行識　無眼耳鼻舌身意　無色声香味触法　無眼界乃至無意識界

そのように理解すれば、「是故空中無色(ぜこくうちゅうむしき)、無受想行識(むじゅそうぎょうしき)」、是の故に空の中には色も無く、受・想・行・識も無い、となります。

これはむろん、五蘊が空であることを確認しているのですが、些(いささ)かしつこいですね。すみません。

ただ誤解しないようお願いしたいのは、色も無く、受想行識も無い、と云ってますが、これは「空」という実相から見れば、五蘊はすべて自性として存在してるのではない、つまり「無自性」だということです。

私は今、「空の中には」と申しました。つまり「空」という実相から見れば、と申し上げたわけです。これは少し気が早いというか、まだそれを実感していない若者には従(つ)いてこれないかもしれませんね。

しかしシャーリプトラさんもご承知のように、ここからは、実際に体験した「般若波羅蜜多」、そして「空」の実感から申し上げるしかありませんよね。

最後には若者たちにもちゃんと体験していただけるよう段取りますので、ここは暫(しばら)く辛抱して聞いてもらうしかありません。

あとはシャーリプトラさん、宜しくお願いしますよ。

†「いてもたってもいられない」志

まず五蘊が「空」だというのは充分わかっていただいたと思いますが、次に申し上げたいのは、眼耳鼻舌身意という六根にも自性はない、またそれらが受けとめる六境つまり色声香味触法にも実体はない、ということです。

なんだかこれまでの話と同じように聞こえるかもしれませんが、じつは全く違います。

なぜならこれは、私も今は解脱者の立場から申し上げているからです。

あら？　驚きました？　私だって一応解脱してるんですよ。

私の本名はAvalokiteśvara（アヴァローキテーシュヴァラ）。「観る」という意味の「アヴァローキタ」と、「自在」「自由」を意味する「イーシュヴァラ」が結びついた名前です。ですから玄奘三蔵法師の訳した「観自在菩薩（かんじざいぼさつ）」というのがまさにそのままの訳です。ただ鳩摩羅什（くまらじゅう）（クマラジーヴァ）は「観世音菩薩（かんぜおんぼさつ）」と訳しました。この場合の原語はAvalokitasvara（アヴァローキタスヴァラ）で「svara」が音声を意味するため、「観音」になったんですね。

え？　本当はどっちなのかって？

どっちでも好きに呼んでくださっていいんですよ。

ただ「観音」というのは、私が解脱したことより、むしろ私の「いてもたってもいられない」解脱まえからの性格を、表現したのでしょうね。

ある意味では、この「いてもたってもいられない」性格こそ、大乗仏教の特徴かもしれません。

本気で解脱を目指すなら、この「いてもたってもいられない」利他的な志がどうしても必要だと、私たちの仏教は考えるのです。

シャーリプトラさんの云う「立派な若者」（善男子・善女人）というのも、そういう志のある若者のことですよね。

昔話は長くなるのでやめますが、あらゆる解脱者はそういう志を初めに持ち、さらに「般若波羅蜜多」を実践的に行じたわけです。そうして解脱して、すると六根や六境に自性がないことがわかるというわけなのです。

「いてもたってもいられない」観音さまは、龍にも乗る。建長寺蔵。

色声香味触法という六境に自性がないのは、これまでの話からも凡そ見当がつくかと思いますが、眼耳鼻舌身意にも自性がないというのは、通常の感覚では納得しにくいですよね。

いったいどういうことなのでしょう。

†無意識の底の光

これまで私は、世俗的な感覚に合わせ、「私」とは五蘊、あるいはその中の「識」だと申し上げてきました。

これは受胎以後、さまざまな経験や認識などの残り香がすべて集まっていく処ですから、普通に考えればだんだん濁っていきますよね。

ご承知のようにこの「識」をテーマの中心に据えて再構築された仏教が「唯識」と呼ばれる仏教です。

そこではいわゆる意識のもっと奥に、無意識的な自己愛をもった「マナ（末那）識」、さらには「アーラヤ（阿頼耶）識」というもっと深い無意識も想定されました。

「アーラヤ識」は、五蘊で云えば全ての「表象」（想）の素になる種子が入っている場所という意味で「種子識（しゅうじしき）」とも呼ばれます。つまりその種子の中からマナ識が自己愛に基づいて適宜に「表象」を導き、それがさらに「行（意志）」になり、またしても「識」に収められるということです。

ちなみにマナ識というのは「意（マナス）という識」の意味です。マナスは古くは永遠不滅の魂というような意味でも使われましたが、仏教では六根の一つ。単に思いを抱く機能と考えられています。

ともあれ、我々の心の最も深い深層である「アーラヤ識」が清らかであるのか汚れているのかというテーマは、仏教史上も大きな議論を呼んだ問題でした。

さきほどまで申し上げていた「私」という意味の「識」は、あくまでもさまざまな経験知識が蓄積し、汚れに染まったものです。ですから五蘊はみな「空」だと云いながら、実際には「空」を感じられなかったわけです。

しかし今の私は違います。

いいえ、話しはじめたときから本当は違っていたのですが、今ようやく世俗的な前提を話し終え、解脱の境地から「空」を申し上げるときが来たのです。

むろん、アーラヤ識は結局どんどん汚れていくという立場からは、それは信じられないことでしょう。しかし実際に、私は含蔵識（がんぞう）とも呼ばれるアーラヤ識の底に「光明」を見たのです。「私」には「自性」がない、という言い方とは矛盾して聞こえるかもしれませんが、私は深い無意識の底に清浄なる「自性清浄心（じしょうしょうじょうしん）」を感じ取ったのです。いや、自分もそうした清浄で輝かしい世界の一部であるという実感、といえばいいでしょうか。「般若波羅蜜多」によって「識」がどんどん清浄になっていったのかもしれません。そこでは、あらゆるものが同等に存在し、しかもすべてが宇宙と一体になっていました。

そう感じたのは、むろん「般若波羅蜜多」によってです。

これから申し上げることは、その立場からの発言であることを深く承知しておいてください。世尊が以前「真理」とか「不死」と表現されたのは、明らかにこの実感のことではないかと、私は感じているのです。そしてまた世尊が「ダルマ（法）」と呼んだのも、この状態で感得した世界の在り方であるはずです。

†光明蔵

よく人間の根本にあるのは「無明（むみょう）」だ、というような言い方を聞くと思います。しかし「無明」の基本的な内容は「空性」に対する無知です。「般若波羅蜜多」を実践していないということなのです。

ですから、「空」を体験した私とすれば、「無明」のさらに奥の「光明蔵（こうみょうぞう）」を見出した心境なのです。これは「無明」を突き抜けたところに現れる輝かしい運動の世界です。

そうなるための実践法も話さないうちに、こんなことを申し上げるのは本当に辛いことです。

しかし今は、実践のための方法を理知的に方向づけるつもりでお聞きください。

そしてあとで、実践のうちに確かめてください。

本当に「観音ばばあ」の差し出口と思われるかもしれませんが、シャーリプトラさんが継続的に若者を指導する場合と違って、私には今しかないのです。二度とないかもしれないこの機会に、私はすべてを伝えておきたいのです。ご了承いただきたいと思います。

†再構成される現実

六根つまり眼耳鼻舌身意にも、六境つまり色声香味触法にも、自性が無い、という話でしたね。

「般若」の眼で見れば、これは当然のことです。

要するに、現実というのは、常に観測する者と観測されるものとの相互作用による「出来事」だということなのですが、もうだいたいおわかりでしょうね。

ヒトが見聞きする現実というのは、だいたい似たような現象です。火は熱いし、氷は冷たいし、リンゴは赤く、空の雲は白く見えるでしょう。

しかしこれは、火や氷やリンゴや雲じしんの独自の在り方なのではなく、私たちの五根との出逢いによって現象しているわけですね。そのことは、以前申し上げたハチや鳩やモンシロチョウや犬の世界を憶いだしていただければ明らかだと思います。彼らは全く別な現実を生きていますから、火や水やリンゴや雲も、全く別な姿を見せていることでしょう。

同じ種に属するヒトがおよそ類似した現象を知覚できるのは、じつは太古以来の私たちのなかに蓄積された「識」の傾向が、似ているからです。

私たちは受胎以後、ヒトという種の発生までの生命史を短時間で辿りながら成長すると云われます。受胎の瞬間に宿るとされる「識」は、その期間に同じように変化するのです。誕生以後の生活がその「識」に与える影響もむろんありますが、その個体差は、僅（わず）かな誤差程度と云えるでしょう。それゆえ、一つの出来事はだいたい同じような現象として認識されるので、科学の世界での実験なども意味をもつわけです。

また世界中のヒトの遺伝子が九九・九九パーセントまで同じだということも、「識」の在り方に通じています。共に、私たちの知覚の近似性を証拠立てていると云えます。

あらためて申しますと、外界の事物が私たちの「識」が染みついた感覚機能に出逢い、そこに知覚が生まれます。眼の場合は「眼識」、同様に耳・鼻・舌・身においては「耳識」「鼻識」「舌識」「身識」が生まれるのです。

私たちの認識する現実は、このように外界そのものでもなく、また六根そのものでもありません。いわば五根と外界が「識」を交えて再構成されたものだと云えるでしょう。

それはまもなく表象化され、概念化のプロセスを辿って、特定の認識を生みだすことになります。

六根の六番目は「意」で、六境の六番目の「法」と出逢うことになりますが、これによって生まれるのが「意識」です。

この場合の「法」とは、以前にも申しましたが私たちが抱く「思い」ですね。「思い」を「意」が捉え、これまで蓄積されてきた「識」を素に「意識」を織りなすわけですが、この「意識」はまもなくまた「識」に入り、再び「意」を支えます。これはいったいどういうことでしょうか。

これは、「識」に支えられた「意」が「法」と出逢って「意識」を生みだし、それをまた「意」が感受する対象にする。つまり、普通の日本語で云うと、「意識が意識を意識する」ということです。こういう堂々巡りが可能だと、仏教は考えたのです。

むろん他の五根と五境、そして「識」によって生まれた「眼識」「耳識」「鼻識」「舌識」「身識」も、ほどなく「識」に繰り込まれますから、「意」はこれらをまた「法」として「意識」することが可能になります。そしてこれがまた表象化され、概念化されながら「想・行・識」へと進むわけです。

これほど無駄な作用もなさそうに思えるのですが、それを繰り返しているのが人間なのです。またこうした無意識も含んだ意識の作用によって、私たちは人間ならではの文化的営為、たとえば芸術制作や学問、政治なども行なえるのでしょうね。これらは等しく概念に依存しています。

苦悩や悲哀も概念が増幅するのに、平和とか喜びもじつは概念が支えている。これだから人間は厄介な生き物なんです。

余計なことまで申しましたが、ここで注目しておきたいのは、仏教が「色・声・香・味・触・法」の全てを、原理的にはエネルギーと捉えていることです。つまり、「意」が捉える思い（法）もエネルギーなんですね。むろんそれ自体に単独で恒久的

眼を通して
ぴんくー
色を感じる
舌を通じて
うまいっ
味を感じる
耳を通して
声を感じる
身を通じて
触を感じる
鼻を通して
おちゃ〜
香を感じる
意を通じて
法を感じる
外界
私
識

な自性はありません。

これまで出てきた六根（眼・耳・鼻・舌・身・意）と六境（色・声・香・味・触・法）を、仏教学では併せて十二処（じゅうにしょ）と呼び、それに両者が出逢った結果として生まれる「眼識」「耳識」「鼻識」「舌識」「身識」「意識」を含めて十八界（じゅうはっかい）と呼びます。

こんなことは記憶する必要もないですが、それら全てに自性がない、単独で恒久的な在り方なのではない、ということは記憶しておいてください。

眼界も無く、乃至（ないし）、意識界も無い、というのは、これら十八界の全てに自性がない、という意味です。

†量子論の世界観

ところで今申し上げたようなモノの存在様態に対する認識は、じつは科学の世界でも起こってきています。

先に少しだけ、粒子と波という素粒子の二面的で相補的な在り方を申し上げましたが、量子力学の創始者の一人であるニールス・ボーアは、原子、亜原子というモノは固有の特性は何ももっていない、と言いました。

マクロの世界を扱う相対性理論に対し、ミクロの世界を厳密に叙述したのが量子力学ですが、そのような観測の場では、想定される粒子の位置と運動を同時に観測することはできません。観測すれば粒子が姿を現しますが、観測されなければ、たとえ思考上でも、一定の速度とか軌道を定めるのは不可能だと云われます。このような意味で「不確定性原理」を提出したハイゼンベルクは、『部分と全体』(一九六八)のなかで、「量子力学では、軌道という考え方そのものが存在しない」と云い切っています。いわば、これによって物体は、物理的実在なのではなく、観測者とモノとの間の「出来事」ということになったのです。また彼は同書で、「前世紀における自然科学の客観的世界は、今ではよく知られているように、一つの理想的な極限概念であって、真実ではなかった」とも云います。

これはまるで、これまで申し上げてきた仏教的認識への賛意と聞こえます。観測者によって観測結果が違うことも、そこでは普通に起こります。

量子力学が記述するのは、今や物理的実在なのではなく、観察や測定の「経験」ということになるのです。

こうした認識が仏教的認識に重なるのは、じつは偶然ではありません。「原子物理学と人間の認識」というボーアの論文のなかには、「われわれは仏陀や老子がすでに直面した認識論的問題に向かうべきである」と書かれています。自らの思想がいかに東洋に傾斜しているか、またそこを目指すべきだ、という自覚も彼には明確にあったのでしょう。

彼はまた続けて「それには、存在の一大ドラマの中に、観客であり役者でもあるというわれわれの状況をうまくはめ込むよう努めることだ」と云っています。

これはどういうことでしょう。

これはおそらく、観客として観察する自分の存在が、観察されるドラマ全体に微妙な影響を及ぼす。つまり役者としての自分も含んで展開するドラマを、観客としての自分はドラマの内側から見ているのだということです。

これはまさに、私が問題にしている「般若」にも大きく関わってきます。つまり世尊が示し、私も体験したこの「般若」は、あくまでも私という実践者によって体験された内部からの認識の在り方であり、誰でも同じように実践することでしか到達しえません。つまり認識の結果だけを言葉で示しても、客観的に理解できるようなものではないのです。

いわば、繋がりあった全体を、その一部である自分が感得するという状況そのものが、「般若波羅蜜多」の実践と云えるでしょう。

†かつ消え、かつ結ぶ

しかしこうした量子論的認識は、なかなか私たちの日常に浸透するものではありません。

なにも相対性理論や量子論を使わなくとも、私たちの日常の現実はニュートン物理学で充分に記述できるからです。

だから普通、誰でも量子論を学べばこうした認識を得るはずなのに、どうしても慣れた先入観のほうに戻ってきてしまいます。

慣れた先入観というのは、デモクリトス以来の、粒子信仰と云ってもいいでしょう。

あるいはそこには、プラトンの唱えた「イデア」、その影響を受けつつ確立されたキリスト教の神という「実在」が影響しているのかもしれません。

ここで私が申し上げている「色」と「空」の話も、頭ではなんとか理解できたとしても、どうしても私たちは実在を求めてしまいます。それは殆んど信仰と呼べるものかもしれません。科学がキリスト教の跡継ぎだ、というのは、じつはそのような意味なのです。

しかしキリスト教圏とは違った文化的風土にある東洋、とりわけ日本では、この「空」の考え方、あるいは量子論的波動の捉え方に馴染みやすいはずです。

ハイゼンベルクは講義録『物理学と哲学』(一九五五〜五六)のなかで、「第二次世界大戦以降における物理学への日本の大きな貢献は、おそらく、極東の伝統的哲学思想と量子理論の哲学的本質との間に、ある種の近縁性があることを示唆している」と述べています。

だからどうだ、というんではありませんが、少なくとも皆さん方日本人は、ここで述べている「色」と「空」という二重の在り方についても、理解しやすい文化的環境に暮らしていると思ってください。

文化的環境が「識」に与える影響は、じつに大きいからです。

「ゆく河の流れは絶えずして、しかも、もとの水にあらず。よどみに浮ぶうたかたは、かつ消え、かつ結びて、久しくとどまりたる例なし」

『方丈記』の冒頭にあるこの文章など、暗記するほど親しんでいる方もいらっしゃるのではないでしょうか。

二つのセンテンスを通じて「諸行無常」そのものが描かれているわけですが、「かつ消え、かつ結びて」などという表現は、まさに量子たちの振る舞いそのもの。粒子になったり波になったりというふうにも読めるではないですか。

え？　観音さんは日本にも来たことがあるのかって？

ありますとも。『観音経』には「無刹不現身」と書かれていますが、現れない国（刹）はどこもありません。まぁこれも、一つの粒子が二つの穴を同時に通ったりする、量子の振る舞いそっくりですね。じつはあちこちに同時に居たりするんですよ。

え？　『方丈記』を覚えてるなんて、日本人じゃないかって？

たしかに昔の中国では、観音浄土は遥か南の海上だとか、ヒマラヤのずっと東だとか、いろいろ云われたようですね。ええ、ポータラカ（補陀落山）ですよ、私が住んでいるのは。でもまぁいいじゃないですか私のことは。今はとにかくこうして深い禅定に入った世尊の傍らに、グリドゥフラクータ（霊鷲山）まで来ているんですから。

シャーリプトラさん、そんなことより、先を急ぎましょうね。

それにしてもあなたは、本当に辛抱づよく聞いてくださる方ですね。

私だけこんな岩場に坐ってますが、あなたも隣に坐ります？　地べたで大丈夫ですか？

潜在的にはわかる

ええっと確か、六根も六境もそれじたいに自性はなく、むろんその出逢いによって生じた「眼識」「耳識」「鼻識」「舌識」「身識」「意識」も同様だ、ということでしたね。「無眼耳鼻舌身意、無色声香味触法、無眼界乃至無意識界」ですよね。

しつこいようですが、これは般若波羅蜜多を実践して得られた認識、いや、私にとってはこれが現実なのだということです。

十八界が、ないと云っているわけではありませんね。それらは縁起によって波と粒子のように、存在したり存在しなかったりするのです。

波であり同時に粒子であることも、存在でありながら非存在であることも、これは知性の限界を超えた認識です。しかし明らかに、私たちはそれを潜在的には感じているはずです。

まだピンとこないかもしれませんが、私たちの目指す「般若」とは、現実を二元論によらず、また概念にもよらずに、直接つかむこと、というふうには理解してくださったでしょうか。

ピンとこないのは、「存在し、かつ存在しない」というこの事態を、私たちが概念化することができないからです。ピンとくる、なんていうのは、たいていあり合わせの概念にピッタリ塡(はま)ることですよね。私は概念が役に立たない世界を描写しようとしているわけですから、ピンとこないのは仕方ないのでしょう。

理性とか概念なしで体得すべき「般若波羅蜜多」の実践法はまだ示していないわけ

ですが、すみませんがもう少しこの般若による認識の話を続けさせてください。

無無明　亦無無明尽　乃至無老死　亦無老死尽　無苦集滅道
無智亦無得　以無所得故

次に申し上げたいのは、四諦と十二因縁についてです。

シャーリプトラさんには基礎中の基礎になりますが、本当にすみませんねぇ。これ、蓮茶ですけど、飲みます？

はいはい、わかりました。先に進みます。

四つの真理、八つの道

ご承知のように、お釈迦さまは菩提樹の下で七日間の坐禅をされ、明けの明星を見てお悟りをひらいたと云われますが、それを初めて話した相手は、一緒に苦行していた五人の仲間でした。彼らは世尊を苦行から逃げ出した敗残者と思っていましたから、そういうところに出かけて行ってまず話す、というのは本当に凄い方ですよね。ちなみに世尊が成道（じょうどう）されたブッダガヤーから初めての説法を行なったサールナートのムリガダーヴァ（鹿野苑（ろくやおん））までは、二百キロほどあったようです。むろん歩いて行かれたわけですから、そこには途方もない意志を感じますよね。

しかもさっきの話じゃありませんが、先入観をもった人間の認識を変えるというのは半端なことじゃありません。

ともあれ、この初めての説法が「初転法輪（しょてんぼうりん）」と云われ、そこで話した内容が四諦と十二因縁だったわけですね。

四諦は四聖諦（ししょうたい）とも云いますが、四つの真理です。まず「苦」が存在するという真理。そしてその「苦」は何らかの縁で発生したのだ、という真理。また「苦」は発生した以上、「滅」するものだ、という真理。そして四つ目がその実践法（「道」）についての真理です。「発生」という言葉を私は使いましたが、むろんこれは何もない処に生まれたのではなく、縁が「集」まって発生したということです。ですから縁が滅すれば「苦」も滅するだろう、となるわけですね。世尊はその方法として「八正道（はっしょうどう）」というものを示されました。

これを繫ぐものとして、世尊は具体的な瞑想法も示されましたが、大別すれば「止（シャマタ）」と「観（ヴィパッシャナー）」の二つの方法と云えるでしょう。「止」というのは心を継続的に一点に集中すること。また「観」とは対象への細やかで逐次的な観察力を養うことです。そうした瞑想を行なうことで、やがて「正」しい八つの道に自然に進むだろうと示されたのです。

八正道とは、正しい見方（正見）、正しい思考（正思惟）、正しい言葉（正語）、正しい行為（正業）、正しい生活（正命）、正しい努力（正精進）、正しい憶念（正念）、正しい禅定（正定）です。インド人がこうして幾つかのものを並列する場合、必ずしも同じレベルの事柄ばかりではなく、集合として他のものを覆うようなものまで入っていたりしますが、これはあまり考えすぎないほうがいいと思います。

またなかには、何が「正」なのかと、深刻に考え込む方もいらっしゃるかと思いますが、これは両極端を避けた「中道」という在り方だとお考えください。世尊は「中道」の具体的な内容として八正道を示されたのです。

ここで示されたのは基本的に「苦」「楽」の「中」ですが、先ほど申し上げた「有」と「無」の「中」、「断」と「滅」の「中」、「我」と「無我」の「中」など、次第に「中」の認識も成長してくることになります。要するに、一つのテーマについての完全な肯定も完全な否定も世尊は疑い、それによって概念から自由であろうとしたのでしょう。思えばこれは、「自然」は反骨的な意志によってしか実現しないと考えた老荘思想にも似ています。そのような自然を意志した「中」こそ「正」なのです。

†苦の因果連鎖、十二因縁

それから世尊は、苦の発生の順番を因果律によって示しました。それが「十二因縁」ですが、その順番を示すまえに、一応、「苦」の内訳を書いておきましょう。ご承知のように、生・老・病・死という「四苦」と、愛する人と別れる苦しみ（愛別離苦）、憎らしい人にも会わなくてはならない苦しみ（怨憎会苦）、求めるものが手に入らない苦しみ（求不得苦）、また人間を構成するからだも心も、自然に活動すること自体が「私」を苦しめる（五取蘊苦、古くは五蘊盛苦とも）という認識ですね。これらを併せて「四苦八苦」と云いますよね。

すべては結局、「自然」をそのまま受け容れられない「私」のせいなのですが、これは「私」を発生させる「行」（サンスカーラ）による「苦」との認識から、世尊は「一切行苦」ともおっしゃいました（ここでの「行」は、意志を意味する五蘊の「行」とは別です）。

先に申し上げた「三法印」とこの「一切行苦」（一切皆苦とも）を併せて「四法印」と云うわけですが、なんだか憂鬱になる旗印ですよね。

ただもちろん世尊は、その発生の順番を瞑想のなかで追究し、それによって断滅の糸口も示されました。それが「十二因縁」です。

一応、順に申しましょう。

1 無明　2 行　3 識　4 名色（みょうしき）　5 六入（六処）　6 触（そく）
7 受　8 愛　9 取　10 有（う）　11 生（しょう）　12 老死　です。

要するに「苦」の発生の根本原因は「無明」、即ち「空」という実相に対する無知なのだとされます。無知ゆえに、間違った方向へ「識」を進めてしまう力である「行」が生まれ、当然それに従って「識」が染まります。ここで「行」というのは、先ほども申しましたが、簡単に云えば「私」を形成する力と考えていいでしょう。この「私」の芽が、それ以後の流れを「苦」の方向へ運ぶ力になっていきます。

それから認識の対象や根拠となる形態や物質が「名色」。さらに眼・耳・鼻・舌・身・意という六種の感覚のはたらく場「六入（六処）」が、「識」を伴って認識対象の「名色」に「触」れる。それも基本的には「行」の力によってなされるのだとされます。

「触」というのは、以前申し上げた対象と感覚機能と意識との「出逢い」による協力状態と云えるでしょう。そこにまずセンスデータ（知覚の素になる感覚素材）としての「受」が生まれます。感覚したそのセンスデータの中から、都合のよいものをいつのまにか選択してしまう盲目的な感情が「愛」で、それをベースに感覚や認識や感情をまとめあげる力が「取」です。むろんそれらの流れの底流には、「私」の芽である

「行」や、それに染まった「識」が継続的に関わっています。ですからそこには自己愛に根ざした生存欲求である「有」が生まれます。それによって「生」が営まれ、やがて「老死」（老いて死ぬこと）になりますが、もっと短いスパンで考えれば、「老死」とは現実の苦しみと今後予想される苦しみということになるでしょう。

一応これらは時間的な前後だけでなく、説明のための論理的な関係も含んだ順番なのですが、以上が苦しみの生まれる順番（順観）、逆に「無明」が滅すれば「行」が滅し、「行」が滅すれば「識」が滅し、と辿るのを逆観と云います。

もしもこのとおりだとすれば、「無明」を絶つことでやがて「老死」の苦しみからも解放されるわけですから、これは解脱への道筋を示していると云えます。

世尊は「私」を形成する「行」を滅尽せよと、繰り返しおっしゃっています。それは「無明」という根源が自覚的にアプローチできる対象ではないからでしょう。明らかにすることのできない何物かであるため、「無明」と名づけられたのです。

初めに私は、観音という私の立場から、「無明」は空相に対する無知だと申しましたが、それはあくまでも私の立場からの発言であることにご注意ください。無明とは、誰もよくわからないから無明なのです。つまり「行」という「私」の芽が、どうして生まれてくるのかはわからない、ということです。

ちなみに部派仏教では、これらを受胎から誕生、そして生死の過程を述べたものと解釈したりしていますが、これも面白いですね。この場合、六番目の「触」が誕生後初めての外界との接触です。受胎して「識」が生まれるわけですから、当然「無明」はそれ以前からのもの、ということになります。これも謎というしかありません。

†初転法輪の内容を否定する?!

ああ、長々と説明してしまいましたが、シャーリプトラさん、大丈夫ですか。本当に蓮茶、要りません? 私、ちょっと飲んでいいですか。

これからじつは、シャーリプトラさんにとっても重大なことを申し上げなくてはならないんですよ。

なぜ私が、シャーリプトラさんの親しまれたこの十二因縁や四諦について、あらためてこんなに細かくお話ししたかご承知ですか。

じつは私、これからその両方を否定しなくてはいけないんです。

ええ、たしかにこれらは世尊ご自身が見極めたことですし、皆さんたち修行者も、こうした方法で修行に励んでこられたのだと思います。

しかしシャーリプトラさん。

こんな言い方は不遜かもしれませんが、世尊はどんどん成熟されたんですね。初転法輪の頃にははっきり自覚されていなかった「空」の真理に到達されたんです。じつは私も、世尊に教わったこの方法で解脱を得ることができたのですから、これは間違いありません。

†シャーリプトラの来歴

思えばシャーリプトラさんは、ここマガダ国の首都であるラージャグリハ（王舎城）に程近いウパティッシャ村で生まれましたよね。ビンビサーラ（頻婆娑羅）王が寄付して初めてできた竹林精舎もそう遠くなく、あなたは世尊がその竹林精舎にいらっしゃるときに弟子入りされたのでしたね。

そのときの話は有名ですから、私も聞いています。

なにしろあなたとマウドガリャーヤナ（目連）さんはこの辺じゃ以前から有名でした。それぞれ俗名はウパティッシャさんとコーリタさんですが、それって両方とも、この近くの村の名前ですもんね。名家ぶりが窺えるというものです。

しかもあなた方は、二人とも同じ誕生日で、少年の頃からの仲良し。そのうえ二人とも求道心に溢れていて、最初は懐疑論者のサンジャヤのところに入門しましたよね。それだけならともかく、二人あわせて五百人の友だちも引き連れて入門したというのですから、よほど人望もあったのでしょう。

しかしあなたと目連さんは、サンジャヤの教えを数日でマスターしてしまいました。これじゃどうしようもないと、二人は新たな師を捜すことを誓ったのでしたね。

世尊との出逢いは、初転法輪で弟子入りした五人のうちの一人、アシヴァジトの托鉢にあなたが遭遇したのがきっかけでした。シャーリプトラさんは、アシヴァジトの歩き方、からだの輝き、そして澄みきった皮膚の色に感動し、あなたの師匠は誰なのかと訊いたのでしたね。

アシヴァジトは静かに「シャーキャプトラ」と答えたはずです。これはあなたがシャーリーさんという母親の子供（プトラ）であるように、シャーキャ族の出身者という「釈子」の意味です。

あなたは本来師匠を大切にする性格でしたから、目連さんだけでなく師匠のサンジャヤにも一緒に世尊のところへ入門しないかと誘いました。

しかしサンジャヤはすでに名声もあり、地位もありましたから、さすがに今更誰かに入門という気にもなれず、断りました。ところがそこにいた五百人の弟子たちはもともとあなたと目連さんを敬愛していましたから、そのうちの二百五十人もの人々があなた方に従いて竹林精舎に同行したのでした。

それで一気に有名になってしまったわけですが……いやいや私はなにも、あなたの有名さを話したかったわけではありません。

托鉢中のアシヴァジトに、世尊の教えは何か、とあなたが熱心に訊いたとき、彼は次の詩を唱えましたね。

ものごとは原因があって生じる。
その原因を如来は説いた。
そしてまたその滅却をも
偉大な沙門（しゃもん）はこのように教えた

つまりあなたは入門以後、この教えを熱心に研鑽し、四諦や十二因縁などを学び、瞑想にも励みました。そして出家から半月ほど経った頃でしたね。ある日、あなたの親族の一人で、爪を切らない苦行をしていた「長爪（ちょうそう）」と呼ばれる者に世尊が説法しておいでになり、それを傍らで聞いていたあなたがとうとうアラカンに達したと、私も伝え聞いています。たしかスーカラカータという洞窟の中でしたよね。

なにもシャーリプトラさんの「悟り」に文句をつけようというんじゃありません。ただはっきり申しますが、四諦とか十二因縁という「名づけ」に問題があるのです。シャーリプトラさん、これまで私は「概念」や「二元論」を持たないようにと、しつこく申し上げてきましたよね。

全ての現象には自性がなく、実相は「空」なのだと、本当にうるさいくらい繰り返してきました。

しかしどうでしょう。

縁起によって発生したものだとしても、「苦」は「四諦」という理論によって実体視されてしまいませんか。

またまるで「単因論」に近いこの「十二因縁」も、私たちの脳の因果好きにあまりに従順ではないでしょうか。

†因果律は解釈の方法

「名づけ」の問題を考えるまえに、まずこの十二因縁の問題点を検討してみましょう。

まえに申し上げたかどうか忘れましたが、因果律というのはあくまでも自然を解釈しようという方法であって、自然現象が起こる原理ではありません。

たとえばアリストテレスは、濡れたタオルがなぜ床に落ちるのか、という問題に、タオルに含まれる水分が大地の水という本体（故郷）に戻ろうという目的をもっているからだ、と考えました。これは「目的因」と呼ばれる考え方ですが、全てのモノにはそれぞれ独自の目的因が具わっていると、彼は考えました。重力が発見されるまえには、因果律を補うものとしてそんな考え方さえあったのです。

イギリス経験論の流れに属する十八世紀の思想家デヴィッド・ヒュームは、『道徳の原理論』や『人性論』などで知られますが、彼は因果律がけっして現象を生起させる原理なのではなく、私たちがそれを解釈するうえでの強固な思考習慣にすぎないと明言しました。そして形而上学的偏見の一つとしてそれを排除し、あらためて自然や人生を観察することを主張しました。アメリカの社会学者ソースティン・ヴェブレンも、基本的にはこの考え方を支持しました。

しかしどうも因果律は我々の脳そのものに具わった抜きがたい性癖であるらしく、モノを考える前提になってもいますから、日常的にそれを排除することはほぼ不可能と云えるでしょう。

†「偶然」で片づけない

以前も申し上げたように、世尊の悟られた「縁起」は、因果律と共時性を含んだものでした。

もう一度、掲げておきましょう。

此れ有るとき彼有り、此れ生ずるに依りて彼生ず
此れ無きとき彼無し、此れ滅するに依りて彼滅す

因と果の関係を真に理解するには、各行の後半の「異時」だけでなく、前半の「同時」を理解することが不可欠になります。つまり因と果を覆うものを感じ取ることが必要なのです。

たとえばある問題を考えていた私を、たまたま約束していて別件で訪ねてきた人が、なぜかその問題に言及したとします。これは因果律で理解できる世界を、一瞬、共時

性が横切った現象と云えるでしょう。

因果律だけで解釈する人々は、それは単なる偶然として処理します。

しかし世尊は、そうは考えなかった。そうは感じなかったのです。通常「偶然」というのは「わからない」の別名ですから、世尊はそこで諦めず、自身の奥深い感覚を納得させるような原理を見出すまで、そうした現象を追求しつづけたということでしょう。

世尊より遥か後世の人ですが、精神科医で心理学者のカール・グスタフ・ユングは、たまたま病院で患者の精神分析に困難を感じていました。その患者が、あるとき前の晩にみた金色のコガネムシの夢のことをユングに話していたのです。すると診察室の窓に、たまたま（かどうかはわかりませんが）、ハナムグリという金色の甲虫がやってきて窓ガラスをノックするような音をたてました。ユングは窓辺に寄ってそれを捕まえ、患者に示しながら「これがあなたのコガネムシです」という意味のことを云ったのだそうです。

これがきっかけで患者のこころに劇的な変化が起こり、治療が大きく進展したと云われています。

ユングは初め、因果律と目的論で現象世界を捉えようとしました。しかしやがて世尊と同じように、「同時」に注目したのです。そして『易経』や仏教など、東洋思想の影響を大きく受けながら「共時性（Synchronicity：シンクロニシティ）」という概念を二十年以上もかけて提出するのです。これはまったく世尊に重なる認識と云っていいのではないでしょうか。

しかし科学というのは因果律一辺倒の世界ですから、彼の論文がどのような扱いを受けたかは、ご想像にお任せします。共時性が因果律で解釈できないことは、あまりにも明らかでしょう。

†超因果的現象

「いのち」がいかに因果律では理解できないものか、一つ例を示しておきましょう。

かつて実験発生学と呼ばれた生物学の一分野では、生物の発生のある段階に、特定の器官の発生を促す物質を分泌する器官があることが確かめられ、その部分が形成体

（オーガナイザー）と呼ばれました。

アヒルにはアヒルの足を誘導する形成体があるため、たとえばこの形成体をある時期に妙な場所に移動してやると、妙な場所から足が生えてくることになります。調子に乗った実験者、いや失礼、熱心な学者さんたちは、今度はニワトリにアヒルの形成体を埋め込んでみたのでした。当然彼らは、ニワトリに水かきのついたアヒルの足が生えてくるだろうと想像したのです。

実験の結果は、たしかに形成体を植え込んだ部分から足は生えたのですが、それはアヒルの足ではなく、水かきのないニワトリの足だったのです。

つまり形成体によって何が形成されるかは、それが存在する「全体」との関係のなかで決定していたということでしょう。これはじつに、「共時性」や「縁起」を感じさせる結果ではないでしょうか。少なくとも因果律的には、アヒルの足ができる「原因」はまだ網羅されていないと云うしかありません。「いのち」は常に超因果を含んだ現象なのだと思います。

実際、今では陽子が過去に出没した、などという事例も検証されていますから、因果律の前提そのものが崩れかけているとも云えるでしょう。因果律だけで現実を記述することは、科学的にも難しくなっています。だからこそ、ニールス・ボーアは因果律に代わる捉え方として「相補性」を提案したのです。

†まどろみと覚醒

また「共時性」ということなら、あなたにはもう一つ、友だちのマウドガリャーヤナ（目連）さんがアラカンに達したときのことが憶いだされるのではないでしょうか。彼がアラカンになったのはあなたよりも早く、たしか入門して七日目だったと聞いています。

同じマガダ国内のカラヴァーラ村で修行している最中に、彼は突然睡気に襲われ、そのうとうととしたまどろみのなかで世尊の声を聞き、それによって彼はアラカンになったと云われています。

ここには、おそらくユングの云う「集合的無意識」、仏教的に云えば「アーラヤ識」も関係しています。ユングが夢やまどろみを研究の対象にしたのは、そこが因果律に冒されず全体性をより多く保っていると考えたからでしょう。

その後、目連さんは「神通第一」と称されるようになり、あなたは「智慧第一」と称されることになりました。簡単には云えませんが、あなたには瞑想によって得た明鏡のような覚醒があり、目連さんはむしろ「まどろみ」における不可思議を人間認識の中心に据えたということではないでしょうか。いずれ同じ事態の両側面という感じはあるのですが……。

†渾然となる時空

シャーリプトラさん、こうしたことを踏まえてもう一度「十二因縁」を眺めてみてください（一〇五ページ）。

これを見たり聞いたりした人が、「縁起」をきちんと感じ取れるでしょうか。

いいえ、初めから申し上げているように、「同時」の部分は理性では把握できません。

だからこそ私は、「無明」から始まって「老死」へと至る十二の項目など、「無い」と申し上げたいのです。こうした因果的規定が、現象の本質をかえって見誤らせることを危惧するからです。

なにより重要なのは、「般若波羅蜜多」が実践されているときには、素粒子の在り方と同じように、因果を条件づける時間そのものが存在しないということです。

ちょっと若者には難しいかもしれませんが、時間も空間も、じつは意識が概念へと移行する過程で生みだしているものなのです。

「空」を実感するとき、そこでは「同時」なる関係性が感じられるだけでなく、じつは「異時」さえ同じ地平に包み込まれてしまいます。つまり本来は時間差のあったような事柄でさえ、統一的な実感のもとにひとつながりの全体として感じられるということです。

ちょっとこれは、言葉で説明してもわかりにくいですね。しかし誰でも、あらゆる命が繋がっていると感じられたり、これまでの全ての時間が「今」に活きているというような、そんな実感をもったことはおありではないでしょうか。そんなとき人は、人生ぜんたいに充実感をもったりするものです。

またそんな体験を「啓示」と呼ぶ人もいることでしょう。

ああ、ややこしいことを申し上げましたが、むろん私も、初学者が「十二因縁」のような理解から入る効果については、否定しません。しかし、「空」なる実相を見極め、「般若」の眼で見るならば、「無明」も「行」も「識」も「名色」も、有るようで無い、粒子を求めれば出現もしますが、そのままなら捉えきれないダイナミックなうねりにすぎないのです。

むろん、その観点に立てば、これらが「尽きる」ということもありません。

無明も無く、亦た無明の尽きることも無く、乃至老死も無く、亦た老死の尽きることも無い（無無明　亦無無明尽　乃至無老死　亦無老死尽）のです。

おわかりでしょうか。

†名前が実体をつくる

次に「名づけ」の問題です。これは今の十二因縁についても云えることですが、人は「名づけ」によってものごとを確定的に受けとめてしまう生き物です。

たとえば「花」という言葉は、そう呼ばれた途端に「花」以外のものとの関係性が絶たれます。まるで茎や葉がなくとも「花」は存在すると感じられるような、奇妙な自立性を言葉によって帯びるのです。また言葉には、そのもの自体の無常性を奪う機能もあるようです。「花」は散るものなのに、言葉で示された「花」はなんとなく不変に感じられるからです。

あらゆるものに名前がつけられ、概念が実体化し、それがさらに思考を呼びます。それによって実物にはなかった自立性と恒久性が具わったモノたちは、やがてお互いが対立する存在にもなっていくのです。これではどんどん「全体性」が分断され、「空」から離れていってしまいますね。

私、観自在菩薩のなかには、すでにそういった習慣はありません。だからこそ、三十三に身を変える、なんてこともできるんですね。三十三というのは、云ってみれば無限のことですよ。無限に身を変えるなんてことは、名づけないからあり得るのです。三十三観音にそれぞれ名前をつけるなんて、本当は私の本質を損なう無意味なことなのです。まぁしかし、メクジラ立てるのも大人げないですから私も黙ってますけどね。

無限に身を変えて……ちょっと休憩？　建長寺蔵。

†文字によって失われるもの

ただどうしても心得ておいていただきたいのは、世尊を含めた今のインドの宗教者たちが、文字情報を一つも残していないことの真意です。

シャーリプトラさんもご存じのように、世尊が使っていらっしゃる古代マガダ語はもちろん、サンスクリットにおいても、今はご承知のように統一的な文字はありません。タイ、ミャンマー、ラオスなど東南アジアの多くの言語の源と云われるブラーフミー文字（ブラフマンが創った文字の意）が統一的に使われるようになるのは紀元前三世紀、アショーカ王の時代とされますから、まだ先のことなんです。（不思議なことに、中国で文字統一が行なわれたのも同じ頃、秦の始皇帝によってです）

しかしそうした統一的な文字はなくとも、一応文字というものは存在していますよ（平川彰『仏教通史』など）。それは、具足戒を受けた弟子たちの名前はもちろん、年月日、時間、場所や式の模様まで今も正確に記録しているわけですから間違いありませんよね。つまり世尊を初めインドの宗教者たちが、教えの伝達については今なお「口承」という形式をとっているのは、伝統的な習慣でもあるわけですが、やはり意志的にそうしつづけていると考えるべきでしょう。

教育効果を今風に考えるならば、言葉を文字で伝えたりメモをとったりすることこそ効率的に思えることでしょう。しかしインドの人々は、そうはしなかった。なぜか。

それはまず、言葉というものが、どのような状況で誰に向けられたものであるかを抜きに一般化されて伝えられるべきではない、という考え方。そしておそらく、文字言語が音声言語を矮小化し、限定しすぎることを、世尊はこれまでの宗教家と同じように深く承知していたのでしょう。表情や声の響きその他、

音声言語には文字には写しとれない豊かな情報が含まれているということです。
むろん人々も、真理の言葉は聖者の口を通した響きとして初めて「いのち」を宿すと考えています。弟子たちは、それぞれ自分に向けて発せられた言葉を、その響きのままに覚え込もうとしているのです。だからこそ、彼らは「声聞（しょうもん）」と呼ばれるわけでしょう。

いわば、真理は常に誰かに向けられた聖者の言葉に宿るのであって、万人向けの一般的な真理というのはあり得ないということです。これは、今回の私の話の結論にも関係することですから、よく覚えておいてください。

ただ世尊の死後、その言葉や教えの散逸を懼（おそ）れた弟子たちは、このラージャグリハ（王舎城）に五百人も集まり、四十五年間の説法を蒐集（しゅうしゅう）して教えを編纂します。これは、誰もが憶持していた自分向けの教えを示して確認しあい、覚えやすい一般的な形にまとめた、ということですね。これによって保たれたものもむろん沢山（たくさん）ありますが、私はこれによって失われたものを考えてほしいのです。

またそれから三百年ほど経った紀元前一世紀ころ、その教えが初めて貝葉（ばいよう）（貝多羅（ばいたら）

葉（ターラ樹の葉）にブラーフミー文字で書かれ、書物という形になります。これは記録の保持という意味では画期的なことでしたが、これによって失われたものはじつは甚大であったと云わざるを得ません。

なんだかシャーリプトラさんにとってはずいぶん先の話までしてしまいましたね。ただあとで申しますが、こうして音が言葉に、言葉が文字になるにつれて失われたものこそ、今回私が申し上げたい「般若波羅蜜多」に大いに関わってくるのです。

†名前が助ける知、曇らせる知

今は名づけの問題に戻りましょう。

名前というのは、理知的な理解のためには、時に有効でもあります。いや、時に有効どころか、むしろ不可欠だとも云えるでしょう。

面白い話があります。唐突ですが、これは動物行動学者の日高敏隆氏の著書『人間は遺伝か環境か？　遺伝的プログラム論』（文春新書）に載っていた話で、三十年以上まえの東京の小学校、低学年の教室での話です。

先生がアリを憶いだして絵を描くようにと、生徒たちに画用紙を配りました。

みんな記憶のなかのアリの姿を憶いだしながら苦労して描いたのですが、なかなか正確には描けません。多くの子供たちが描いたのは、頭・胸・腹の三部構成ではなく頭と胴だけ。しかも六本あるはずの肢も四本だけを胴から生やし、触覚はほとんどの子供が頭から後方に向けて描いたそうです。

そこで今度は本物のアリをガラス・ケースに入れて見せ、これを見ながら正確に描くようにと云ったのです。当然先生は、今度は「ちゃんと」描いてくれるものと期待しました。「よく見て」「正しく描いてね」と繰り返し云いながら教室を廻ったのです。

しかし先生の期待は完全に裏切られました。

相変わらず子供たちの描くアリは四本肢で、触覚も後ろ向きが多いのです。女の子は以前と同じく、触覚にないはずのリボンなどは描くのですが、あるものを正確には描いていません。

困り果てた先生は、生徒たちに質問してみます。

「アリのからだは、頭と胴だけかな?」

「あ、胸もある！」

「肢は本当に四本かな？」

「ああ、六本だ！」

「それはどこから出てるのかな？」

「頭と胸と腹に二本ずつ」

「え？　ホントかな？」

「あ、胴には生えてない」

「頭には？」

「あ、頭にもないや。ぜんぶ胸からだ！」

「触覚も、前に向いてないかな？」

「あ、ホントだ！」

こんなふうに子供たちは、云われて初めてアリの姿を「ちゃんと」認識し、「ちゃんと」描けるようになったというのです。つまり実物を見ても「ちゃんと」見えるわけではない、概念（教育）によって初めて見ることができるというのがこの話の基本的な主旨です。

たしかに教育の現場では、そのように「ちゃんと」見てもらわないと困るのでしょう。肢の数や生えている場所、そして頭・胸・腹という学問的区分も触覚の向きも、慎重に見てもらわないといけない。なによりからだの部分の名前やその特徴を覚えることが、理解の前提になっているのでしょう。

少なくとも大人の理解にとっては、名前や概念が欠かせない役目を果たしているということです。つまり、頭のなかに「触覚の向き」とか「からだの構成」などという概念がなく、頭・胸・腹という区分も知らない子供には、実物をいくら見てもそんなことは気にならないのです。

それを先生は「ちゃんと見てない」と思うわけですが、果たして本当にそうなのでしょうか。

日高氏がこの話を例示したのは違った意図ですが、ここで私が問題にしたいのは、アリという「いのち」に接したときに感じる子供の「いのち」の実感にとって、そうした概念がどれほどの意味をもっているのか、ということです。

むしろ女の子が描いた触覚のリボンのほうが、端的に「いのち」どうしの共感を語ってはいないでしょうか。

少なくとも頭・胸・腹を、アリは独立的に使いこなして生きているわけではありません。言葉が実体を否応なく分断し、それを文字がさらに確定的に印象づけているだけなのです。

†対岸の叡智

名前や概念というのは、いわば実相という向こう岸に渡るための筏(いかだ)のようなもので、渡りきったら本当は必要のないものです。「般若の智慧」が実現した彼岸から見ると、そんなものは対岸の遥かな景色に過ぎません。すでに「戯論」なのです。

むろん子供たちが、アリについての正確な科学的知識をもつ必要はないと申し上げているわけではありません。

私が申し上げたいのは、科学で扱われる「知」とは別な「知」の様式が、対岸にはあるということです。それを知っていただきたくて、こうしてしつこく話しているのです。

苦の根源は「私」

名づけのなかで、最も罪深いものが「私」という代物です。

考えてみれば、私たちはモノゴコロがついたときにはすでに生まれていたわけでしょう。そしてそれまで「私」など関係なく生きていた「いのち」を、あるときから「私」だと思い込んだ。以前も申し上げましたが、モノゴコロがつき、知恵づき、そしてさまざまな分別を身につけることでそれが肥大化していく。そうして「いのち」の実相に関係なく、いつからか「私」という名の何者かを中心にモノを見るようになっていったのです。

当然、先ほどの「花」のように、実物の「いのち」にはなかった自立性や恒久性が「私」にも付加されることになります。ちょっと大胆な言い方をすれば、これこそがあらゆる「苦」の根源かもしれません。「私」の芽である「行」の滅尽こそが修行の一大テーマであったのは、そういうわけなのです。

†毒にも薬にもなる言葉

こうした「私」の発生の問題には、じつは言葉ぜんたいの問題も含まれてきます。中国の荘子は、言葉は「封」だと云います。つまり全体を仕切るもの、ですね。実相を仕切って「渾沌」を台無しにしてしまうものです。彼はまた「名は実の賓なり」(逍遥遊篇)とも云います。実相に比べれば、名前というのはお客さんのようなもので、ちっとも実状をご存じない、ということでしょう。また主人がいなければ、客は客でさえありません。彼にはまた「名」を己れの桎梏(手かせ足かせ)と感じる人こそ「至人」なのだという発言もあります。「私」という「名」が自動的に誉れを求めることを、おそらく荘子は知り尽くしていたのでしょう。

また老子は、『老子』の冒頭に、「道の道とすべきは常の道に非ず。名の名とすべきは常の名に非ず」と云います。つまり本当の「道」というものは、これが「道」だと謂えるようなものではない。あらゆるものの名前というのもそういうもので、名づけられた以上それは本当の「名」ではないのだ、というのです。三十二章には「道は常に無名なり」ともあり、老子においては「無名」や「不言」が尊ばれます。
老子・荘子ともに、言葉や概念に対する強い不信感を抱いているのは確かです。そしてじつは、こうした思想が仏教の中国流入に際して大いに役立っているのです。「シューニャ」が中国で「空」と訳された。そこには、こうした思想的受け皿があったということです。

ちなみに『荘子』人間世（じんかんせい）篇には、「其の名に感ずるなく、入れば則ち鳴き、入らざれば則ち止め、門なく毒なく、一宅して已（や）むを得ざるに寓すれば、則ち幾（ちか）し」とあります。「幾し」とは荘子の考える「悟り」に幾いということなのですが、これなどまさに、「空」であるから「縁起」に従うという、世尊の「悟り」にも重なるでしょう。ここでも名前に感じて振り回されないことが条件になります。そして、門とか毒というのは、むろん「私」が勝手に作った先入観や好悪の感情のことです。

荘子は概してこの「悟り」を「虚」と表現しますが、これこそ「空」に通じるものです。二つを併せた「虚空」は大いなる「全体性」、つまり宇宙の意味になります。

ですから、以前申し上げたボーアの云う「仏陀や老子の認識論」、あるいはハイゼンベルクの云う「極東の伝統的哲学思想」というのは、こうした内容も含んだ理解なのです。

東洋では便利に使われながら毛嫌いされるという、不思議な存在が「言葉」ですが、その発生については言語学でも二種類の分析があるようです。

一つはコミュニケーションのために生まれたのが言葉だ、というもの。もう一つは、言葉はすでに生まれてしまった自らの概念整理のために生まれたというものです。

たとえば過去・現在・未来などという概念は、チンパンジーの右・左と違って、言葉なしに伝えるのは非常に難しいと思えます。しかし言葉がないうちから、ヒトはそうした概念を持ってしまったのでしょう。それをきちっと認識し、頭のなかで整理するために言葉が作られたというのです。そうなれば、複雑な概念まで伝えることができるようになり、結果的にコミュニケーションがじつにスムースになる、ということにもなります。

たしかにコミュニケーションそのものには、必ずしも言葉を必要としないケースも多く見受けられます。たとえば飼い犬などでも、飼い主に嫌なことがあったりすると敏感に察知し、寄り添ってきたりすることがあります。言葉が通じないことでむしろコミュニケーションは完璧なのではないでしょうか。

むろん別な生物種のあいだなのだから、それは当たり前だと云われるかもしれません。しかし人間どうしの場合でも、言葉によって生まれる理解と誤解はどちらが多いでしょうか。

売り言葉に買い言葉とも云いますが、人の口が言葉によって作る罪は計り知れないものだと思います。

言語の発生がはたしてコミュニケーションのためだったのか、自らの概念整理のためだったのかは、私にはわかりません。しかし少なくとも老子や荘子だけでなく、世尊にとっても言葉が厄介きわまりない道具、罪作りな道具だと思われていたことは確かだと思えます。

そして「花」や「私」の例で申し上げたように、もともと全体性から切り離し、架空の自立性をもたせた犯人が言葉であったわけですから、それがついにはコミュニケーションの助けになったとしても咬まれたイヌに舐められるようなもの。

あるいは、「いのち」どうしのコミュニケーションと「私」どうしのそれとは、全く次元が違うということなのかもしれません。

老子は「不言」だというのに、どうも話しすぎてしまいました。
しかし私としては、十二因縁あるいは十二縁起などと呼ばれて珍重されてきた考え方を、こうした前提抜きにあっさり否定するのも憚られたのです。シャーリプトラさん、どうかご理解ください。
名づけと、そして因果律を並べたことの弊害、これで若者たちにご指導いただけるでしょうか。
どうか宜しくお願い致します。

†「私」が苦痛を生む

あ、名づけについてはもう少し述べなくてはなりません。

驚かないでいただきたいのですが、じつは私、四諦についても否定しなくてはいけないのです。

覚えておいでかと思いますが、四諦（四聖諦）というのは、「苦」があり、それは何らかの縁で発生したものであり、発生したからには滅する可能性があり、その実践方法もある、というものでした。

しかしこれは、最初に「苦」があると、はっきり認定してしまうことで、やはり「名づけ」という問題を招いています。

本人が「苦」しがっているのですから、ひとまずそれを肯定することから考え始めるしかないのですが、むろん「苦」というのは感覚そのままではありません。

たとえばお腹が痛いとしましょう。

それは主に六根のうちの身根に「識」も加わり、「しくしく」という「触」を、「なんだかお腹が痛いなぁ」という身識として感じているわけです。

しかしこの時点では、痛みはまだ苦痛ではありません。

痛みに苦しみが伴う大きな契機は、そこに「病」というレッテルを貼ることです。ガンではないか、胃カタルではないか、という名づけによって、全身を一気に「病」にしてしまうのです。

むろん大抵は、本人が勝手にレッテルを貼っています。なかにはわざわざお医者さんに大きなレッテルを貼ってほしいと出かける方もありますが、大抵はそのまえに本人が貼っているものです。

本来、「しくしく」は単なる感覚だったのですが、それが「病」と名づけられると痛みそのものも変化してきます。「病」という概念に向かってどんどん展開し、痛みは苦しみを伴って増大するのです。

概念については、これまで莫迦にしてばかりいましたが、これは恐ろしい力を発揮します。浮かんだ言葉の内実を充実させようと、体が変化していく。あるいは、「病」というレッテルによって自然治癒力が一気に下落して症状が悪化し、レッテルどおりになろうとする、とも云えるでしょう。これはまさに概念のもつ強力なパワーです。もともと私たちの体には、毎日三百個以上のガン細胞が発生しては消えていくそうです。誰でも、です。むろん観音である私だって例外ではありません。

つまりきっぱり「健康」と「病気」が分かれているわけではなく、やはりこれも一種の流動なのです。流動のなかでただ「しくしく」を感じている分には別に「病」でも「苦」でもなかったのですが、はっきり二元論によって「健康」ではなく「病気」になり、「楽」ではなく「苦」だと思った途端、「病苦」が確立されるのです。

それでも病の実相に抵抗さえ示さなければ、病苦もそれほど増大しないはずです。考えてみれば、通常の病気は生命そのものの持つ自己調整機能の一時的な発現です。熱が出るには出たほうがいい理由があるのですし、化膿したのは白血球が必死に細菌と戦っているからではないですか。

体という大いなる自然が、たまたま「しくしく」してるのも自然なことですから、それに抵抗せず、そのまま「しくしく」していればいいのです。

しかし大抵はここで「抵抗」します。「病」は嫌だと思うでしょうし、痛みからも逃げようとします。まともに「病」に逢おうとしないのです。これは換言すれば、大脳皮質が「からだ」を信じないということです。当然のことながら、「私」に信用されない「からだ」は免疫力や「元気」を低下させます。

こんな「私」はなくしてしまうことです。

たぶん、苦痛というのは、「痛み×抵抗」なのではないでしょうか。むろん「抵抗」というのは「私」の深い思い込みが作りだします。痛みを自然のこととして受け容れないのは、「私」が「からだ」の実相を知らないからです。

そんな「私」は「空」だと、何度も申し上げたはずです。「五蘊皆空」でしたね。もしそれが心底納得できたら、それは「抵抗」が限りなくゼロに近づくことを意味します。痛みがそこそこあったとしても、抵抗がゼロなら苦痛はゼロになります。いいですか、シャーリプトラさん、苦痛というのは「私」が感じるのです。「私」がなくなれば、苦痛がゼロになるのは当然でしょう。

あとでまた申し上げますが、そんなふうに抵抗のない状態を「無罣礙（むけいげ）」と云うのです。

四諦もない

痛みが苦痛になるプロセス、おわかりいただけたでしょうか。

むろん苦痛というのは、精神的な場合も多いでしょう。しかしそれでも理屈は同じです。

「さびしい」なら「さびしい」ままにそれを味わっていればいい。

「わびしい」と感じたらそれを何とかしようなどと思わず、自然の変化を信じて「わびしい」ままにしておけばいい。それが日本の「さび」であり、「わび」です。抵抗さえしなければそれは「苦」ではなく、しみじみとした味わいにさえなるのです。

私の云いたいこと、ご理解いただけたでしょうか。

要するに、「般若の眼」で見れば、もとより「苦」などありません。「病即是空」であり、また「苦即是空」なのです。

そのような「苦」を、あらかじめ有るものとしてわざわざ「四諦」を認識するのは、「般若の眼」で見れば無駄なことだと申し上げたいわけです。

初めに申し上げたように、私は「五蘊はみな空だ」と悟って一切の苦厄から救われました。苦痛はもう感じないのです。どうしてそんな私に、「苦」などというものが存在するでしょうか。

もう一度はっきり申し上げましょう。

無苦集滅道。「四諦」などというのも、自立的に存在するものではなく、「縁起」のなかの「虚仮(こけ)」なる姿なのです。

ただ注意していただきたいのは、誰もが「般若の眼」で事態を見ているわけではありませんから、痛みそのものなのか、「私」によって増幅された「苦痛」なのかは通常区別がつきません。激烈な苦痛が続く場合、とりあえずはその来歴に関係なく、痛みだけを取り除くことで苦痛の除去にもなることが多いことは忘れないでください。つまり薬などによって無理に痛みを除去した場合でも、それによって「私」の感じる苦痛まで著しく軽減されることは多いのです。

私はけっして鎮痛薬などを否定しているわけではないのです。

†三つの実践

ああ、シャーリプトラさん、いろいろ申し上げてきました。

それは、あなたが話そうという若者たちが、利他の心に目覚めた有望な若者たちだと信じるからです。

正直なところ、四諦や十二因縁にしがみついていては、その先に行けません。若者たちのせっかくの利他の心が、「声聞」とか「縁覚」と呼ばれる自己完結的な状態のままでは活かされません。

是非とも若者たちには、「菩薩」の道を歩んでほしい。そのためには、どうしてもこの「般若波羅蜜多」が不可欠なのです。ナーガールジュナ（龍樹）も後世このことを、世間の生滅無常を観ずるこころもまた菩提心なのだと喝破することになります。「自利利他」の精神に満ちた菩薩の歩むべき道は、六つのパーラミター（六波羅蜜）と呼ばれることになります。布施波羅蜜、持戒波羅蜜、忍辱波羅蜜、精進波羅蜜、禅定波羅蜜、そして般若波羅蜜の六種の徳目がそれですが、この最後の「般若波羅蜜（多）」こそ前五種のすべてを覆う究極の徳であり、しかもそれらを支えているのです。つまり、般若波羅蜜多が実現してこそ他の五種（布施・持戒・忍辱・精進・禅定）もきちんと正しく行なわれるのですし、また逆にそれぞれの波羅蜜多を行ずることで、般若に近づくこともできるのでしょう。

シャーリプトラさんはまだご存じないことですが、世尊は長年馴染んだここグリドゥフラクータ（霊鷲山）を去るまえに、戒律と禅定と般若（智慧）について繰り返し説かれるんですね。これは三つの実践（三学＝戒・定・慧）と呼ばれるものですが、要するに世尊の説法によれば、瞑想（禅定）は戒律の裏づけがなければ充実しない、般若はその瞑想（禅定）によって裏づけられるということなんです。あくまでもこの戒律・禅定・般若という三つの流れこそが根幹で、それを補強するために枝として加えられたのが布施や忍辱や精進だと考えてください。利他の心を持った若者が戒律を守り、それによって滞留するエネルギーを禅定に振り向けながら般若を目指すとき、人々にその幸せを贈与したい（布施）気分になったり、困難や思いがけない侮辱も耐え忍ぶ（忍辱）ことができ、しかも「三学」にさらなる意欲を燃やす（精進）というのは、ごく自然な流れなのです。

どうか若者たちをそこまで導いてあげてください。

シャーリプトラさん、今のあなたにとっては未来のことまで話してしまって本当に恐縮です。でもきっと、あなたには世尊のお心が今もそのようであると、お察しいただけますよね。

あなたはラージャグリハからパータリ村へ向かう途中のナーランダーで、「過去・現在・未来を通じて、世尊ほどの悟りを得た方は一人もいないと確信してる」なんて世尊に告白されましたよね。あなたのおっしゃるように、三世の仏のすべてをあなたが知らない以上、それは信仰の告白であったはずです。なんという理想的な師弟関係でしょうか。むろん、世尊もあなたのことをとても信頼しています。

だからこそ私も、難しい内容であるだけにこうしてあなたを選んでお話させていただいているのです。本当に長時間おつきあいいただいてすみません。もう少し辛抱して聞いてくださいね。あ、蓮茶だけじゃなく、蓮の実饅頭なんかもあるんですが、如何ですか。どうぞ召し上がってください。

あなたはさっき、腰が岩場で冷えちゃった私のために、修行者が常に持ち歩く腰掛けと水瓶（すいびょう）とを貸してくださいました。これを提供するというのは、私のこともあなたは師と認めてくださったのだと、私も承知しています。ありがとうございます。

あなたはたしか托鉢中だったアシヴァジトに対しても、そうしたのでしたよね。

水瓶は私も持っており、ここに蓮茶が入ってるわけですが、腰掛けは本当に助かります。私も永いこと坐っていると、ちょっと腰が……。あ、余計なことを申しました。腰掛けはそういうわけでお借りしますが、どうぞ蓮茶は遠慮なくお飲みになってください。蓮の実饅頭も甘さ控えめで美味しいですよ。

うまいで
お気づかいなく

また老婆心ですが、そのあいだに私これまで話したことを一度まとめてみますね。簡単に。どうぞ楽にしてくださいよ。

あなたは今、正式な服装つまり下着をつけずに袈裟を三枚重ねておられますが、それでも足腰が冷えるでしょう、地面に坐っていると。しかもそんなふうにきっちり両脚を組み合わせて結跏趺坐（けっかふざ）していたら、苦しくないですか。私なんかいつもこの「観音坐り」なんですよ。一脚を曲げて一脚を伸ばした坐法ですね。これって、本来は世尊が比丘尼だけに許したスタイルでしたよね。ああ、だから私は「観音ばばあ」なんて呼ばれるんでしょうかねぇ。でもこうしてると、男である私も性を超越した気分になってくるから不思議ですね。

だらしないと思われるかもしれませんが、こうしてるとすぐに立ち上がれるでしょ。呼ばれればどこへでもすぐに行く私ですから、世尊も大目に見てくださってるんでしょうね。それにじつは楽なんですよ、これ。

ええっと、これまでの内容、ざっととまとめますね。

私はとにかく、偉大なる「般若波羅蜜多」に至るための最も重要な教えを話しているわけですが、何よりそれは私自身の体験である「五蘊はみな空だ」という実感から始まっています。なにしろ私はそれで、一切の苦厄から解放されたんですから。それ以後の私の暮らしときたら、もう「遊戯三昧(ゆげざんまい)」ですよ。だからこうして、ときどき脚も自由に交替しながらいつでも自然体でいられるんです。

ところで、私が話しているすぐ側で、さっきから世尊が深い禅定に入っておられるわけですが、このことはとても重要な意味をもっています。

シャーリプトラさんはお気づきだったと思いますが、私は「世尊の代わりに答えた」なんて申し上げましたが、単に代わりというわけじゃないんですよね。私とあなたと世尊は今、「同時」つまり「共時性」のなかに居るんです。

つまりあなたがこういう質問をされたのも、私がこのように答えているのも、じつは世尊がここで三昧に浸っていらっしゃることと無関係ではないはずなのです。

それはさっきの、目連さんの「悟り」の場面でもそうでしょう。

「まどろみ」のなかに現れた世尊は、考えようでは「そのとき（同時）」目連さんに言葉や理性を通さずにはたらきかけたのかもしれません。

日本には「風が吹けば桶屋が儲かる」などという俗諺があるそうですが、普通の理性では因果律しか理解できませんから、どうしても因果ばかりで現象どうしの関係を理解してしまいます。風が吹けば砂埃がたって眼に入り、眼の見えない座頭が増えて三味線弾きが増え、ネコの皮が三味線に使われるためネコが減ってネズミが増える。従って増えたネズミが桶を囓る、なんていう具合ですね。本当に愚かとしか云いようがありません。いったい、眼が見えなくなって三味線弾きになる人がどれだけいるというのでしょう。

ともかく、私たち仏教者は、当然「風」と儲かる桶屋とを共に覆うような力を見据えなくてはならないでしょう。

おわかりでしょうか。

今の私たちにとっては、それが禅定中の世尊なのです。

交感というのでしょうか。あるいは感応道交？　とにかく理性などでは把握しようもない力が今もはたらいているのは確かです。

これはそういう状況の中で申し上げていることだということを、充分踏まえてお聞き下さいね。

†最後の落とし穴

色は空に異ならず、空は色に異ならず、しかも色即是空で空即是色なのだと、私は申し上げたはずです。これ、ご理解いただけたでしょうね。

要するに全ての現象には「自性」というものがなく、「縁起」のなかに発生する流動的事態。「諸行無常」で「諸法無我」だからこそ、実相は常に私たちの脳の認識である「色」を超える。そういうことだったと思います。

「色」という物質的現象が、いかに本質においては「空」であるか、それはくどいほど申し上げました。だから「色即是空」です。

しかしそれでも、本質が「空」であるからこそ物事は変化して関係を持ち得る。しかも、だからこそ「縁起」のなかで「色」として発現できる。それが「空即是色」ですね。

だから「空は色に異ならず」。「空性」と「顕現」は別物ではなく、また「色は空に異ならず」。「顕現」を支えているのも「空」なのだと申し上げたはずです。

つまり私は、「空」というのは「いのち」のまま、「色」というのはそれに脳が手心を加えた現象なのだと申し上げてきたつもりです。いや、脳というより、「私」と云うほうが正確ですね。

そして手心が加わる結果、「色」から「受」、「想」、「行」、「識」と進むにつれてどんどん人工度が高まります。

感覚、表象（知覚）、意志、認識、この順番で、どんどん拵（こしら）えものになる、ということなのです。

それら全てが、結局は自性のない縁起の賜物として理解されなくてはなりません。それが「受・想・行・識も亦復た是くの如し」ということでした。

シャーリプトラさん、あらゆる現象は「空相」で、生じたり滅したりすると見えるのも「概念」の作用。きれいとか汚いという認識も概念に占拠された「私」の都合。

増えたり減ったりと感じるのも「いのち」そのものではなく、「私」の近視眼的な見方でしたよね。

ですから「空」という「いのち」の本質を見極めてしまうと、十八界すべてが自性のない相互依存の世界であるとわかるのです。眼耳鼻舌身や色声香味触が出逢ってできる「五識」はもちろんのこと、それらを全て対象にできる「意識」などは、最も虚構性の高い代物であるわけです。「般若」の眼で見れば、全てが自性のない暫定的な出来事なのでした。

そうなると、十二因縁という概念的な図式も、また四諦という「苦」の方程式も、知的には理解しやすくとも、「般若波羅蜜多」には無意味であるばかりか障礙(しょうがい)になってきます。ですから私は、何度も「無」を繰り返してそれを否定しました。

さて、以上が私の申し上げたい「般若波羅蜜多」の梗概のようなものですが、こうした認識をもつことを、「智慧を得た」と思い込むことが、私たちの陥りやすい最後の落とし穴になります。

どうしても私たちは、なにかを学ぶ、知識を得る、という次元で全てを処理するクセがついています。これも大脳皮質の強力な支配体制のなせるワザなのでしょう。本物の「いのち」の上に息苦しい虚構を作っていることに、なかなか気づかない。しかも「得た」と思うのは常に「私」です。タメになった、などと思っているうちはまだまだ「般若波羅蜜多」には程遠いということです。

シャーリプトラさん、はっきり申しましょう。

「智も無く、亦得ることも無い」のです。

だって、智には無智、得には不得という反対語があるでしょう。それではまだ二元論、つまり「私」の考え、ということです。

般若とは、裸の「いのち」が本来もっている生命力への気づきでもあります。「空」というのは、「私」というものを抜きにした事象の本質的な在り方なのです。それを感じる主体は自他の区別がつかない状態で全体に溶け込んでいます。

以前も申し上げたように、「私」が生まれるまえから、「いのち」は生きていました。生まれて間もない赤ん坊でも、熱ければ手を離しますし、食べたければ口をあきます。

動物の子供が母親の乳首を探す能力など本当に見上げたものです。

ＤＮＡの観点に立てば、この地球に生命が発生して以来、三十五億年もの長きにわたって「いのち」は途切れることなく展開してきた、とも云えるでしょう。母親の胎内ではその歴史が個体発生として繰り返されました。

そんな「いのち」を、遅れて発生した「私」が支配しようというのが、土台おかしいのです。

智慧を得る、という場合の主語は、どうしても「私」になります。

そうではなく、ここで申し上げる「般若」は「いのち」そのものの力なのです。

「智も無く、亦得ることも無い」ということ、ご理解いただけますよね。

「いのち」はこれ以上得る必要がないほどに、すでに「足りて」います。「得る所無きが故に」なのです。

菩提薩埵　依般若波羅蜜多故　心無罣礙　無罣礙故　無有恐怖
遠離一切顚倒夢想　究竟涅槃　三世諸仏　依般若波羅蜜多故
得阿耨多羅三藐三菩提

ああ、シャーリプトラさん、蓮の実饅頭は如何でしたか。

あれ、どうしたんですか。咽せたりして。背中をさすりましょう。

だけどシャーリプトラさん、この「咽せる」ことも「いのち」の力ですよね。少なくとも、咽せているのは「私」じゃない。大脳皮質はこの際関係ありません。

あれ、どうしたんですか、シャーリプトラさん。涙なんか流して。

そんなに感激してくれました？

え？　単に咽せかえって苦しいだけ？

†わだかまりもない

まあいいですけど、とにかくこれまで多くの菩薩たちがこの「般若波羅蜜多」を実践したお陰で、心にわだかまりがなくなりました。「菩提薩埵は般若波羅蜜多に依るが故に、心に罣礙なし」。

当然ですよね。引っかかりや妨げ（罣礙）などという心のわだかまりは、「私」がもつものですから。

般若波羅蜜多によって「私」がなくなり、「いのち」本体の感覚に戻れば、「私」の都合は関係なくなるんですから、突っかかりも引っかかりも妨げもなくなるに決まってます。寒風も涼風も同じ風。なんの拘りもなく風鈴が揺れるようなものです。

そうなれば何も怖いことはなくなります。「罣礙なきが故に恐怖有ること無し」となるわけです。

だって「恐怖」も「私」が感じていたのですから当たり前ですね。自分の都合を第一に考え、概念で念入りにでっちあげた「私」が勝手に「恐怖」を感じたり「死にたい」と思ったりする。本当に人間の脳って厄介ですね。しかしそんな「私」の思いを真に受けて、本当に自殺したりするんですから笑ってもいられませんね。

死にたいと思ったら、ビルから飛び降りるとか電車に飛び込むとか、あまり確実な方法を選ばずに、一度水にでも飛び込んでみればいいと思いますよ。すぐにわかるはずですよ。死にたい「私」に関係なく、「からだ」は藻掻(もが)くでしょ。「死にたい」なんて思ってたのは「私」だけだった、脳細胞の一部だけで、ほかの細胞はみんな生きたがっていたって、すぐに判明してしまいますよ。

だからこの「私」を「いのち」そのものと錯覚したり、あるいは「私」の思いで「いのち」や「からだ」を支配しようというのが、一番困った勘違いなんです。難しい言葉で云うと「顚倒夢想(てんどうむそう)」ですね。

「私」は変わらないはずだから、死ぬはずはないとどこかで思っています。また「私」だけは特別なはずなのに、と思っていますから、どうしてこの「私」が、と苦しむ。それもこれも顚倒夢想です。

そういう勘違い、一切の顚倒夢想を遠く離れることで、私たちは目指す最高の心の平安である「涅槃」に辿り着くことができます。「一切の顚倒夢想を遠離(おんり)して涅槃を究竟(くぎょう)す」となるわけです。

ちょっと大袈裟に云いますと、過去や現在はむろんのこと、未来に出現するであろうあらゆる仏陀も、この「般若波羅蜜多」に依って最高の「悟り」を得ることになるんです。

三世の諸仏は般若波羅蜜多に依るが故に阿耨多羅三藐三菩提（あのくたらさんみゃくさんぼだい）を得たまえり、ってことですね。

え？「無得」じゃないのかって？

極上の悟り

まぁそうなんですけど、揚げ足とらないでくださいよ。揚げ足はまぁとられても大丈夫ですが、呉々（くれぐれ）も下げ足のほうはとらないでくださいね。この姿勢で下げ足とられると後ろに倒れちゃいますから。

とにかく「得阿耨多羅三藐三菩提」で、最高の悟りに至ることなんですよ。あ、この阿耨多羅三藐三菩提というのは、昔から「無上正等覚（むじょうしょうとうがく）」なんて訳されてますね。無上で並ぶもののない最高の悟りのことです。

もしかしてシャーリプトラさん、少しイラついてます？

そりゃあそうですよね。「般若波羅蜜多」の内容を聞かないまま、ずっとそんな苦しい姿勢で聞いてくださってるんですからね。わかります。ごめんなさい。素直に謝ります。いやぁ本当によく聞いてくださいました。

それにしても、こんな話ができたのも、そこで深い禅定に入ったままの世尊のお陰ですよね、きっと。そのお姿がなかったら、私だってシャーリプトラさんだって、こんなに辛抱づよくはなれなかったでしょうね。

え？　辛抱してるのは自分であってあんたは「遊戯(ゆげ)」だろうって？

あ、かなりイラついてますね。

わかりました。「般若波羅蜜多」をお教えしましょう。

パンパカパーン！

いやぁ、実際に申し上げる段になると、やっぱり緊張しますね。もう気分が高揚しちゃって、ちょっと蓮茶を飲みますね。

すみません
蓮茶を
ください
わたくしも
今スグ
参リマス

故知　般若波羅蜜多　是大神咒　是大明咒　是無上咒　是無等等咒
能除一切苦　真実不虚　故説般若波羅蜜多咒　即説咒曰

じつを云うと、これから申し上げることは、世尊がどうおっしゃるか、私も少し気になるんです。

†呪文の力

皆さんのサンガ（修行者の集団）では、基本的に「呪文（じゅもん）」なんて、禁止されてますよね。バラモン教やヒンドゥー教では、神々に捧げる讃歌というか、祭詞を「ヴェーダ」と呼んで重視します。リグ・ヴェーダ、サーマ・ヴェーダ、ヤジュル・ヴェーダ、アタルヴァ・ヴェーダなどが知られています。しかし基本的にはそうした「ヴェーダ」と供犠（くぎ）、つまり捧げもののために動物を殺すことを禁じたのが世尊でした。「ヴェーダ」そのものにも、動物を殺して神々に供えると良い報いがあるなんてことが書かれていたりします。

まぁ世尊という方は、もともと都会の方ですから、そうした迷信めいたことがお嫌だったのでしょう。本質的にはとても合理的な方なのだと思います。

しかしシャーリプトラさん、あなたはご存じだと思いますが、世尊は三つの例外を設けましたね。

つまり、初め「咒文」は全面的に禁じたのに、特例として歯痛のとき、毒蛇に咬まれたとき、そして腹痛のときには「咒文」を唱えてもいいと後日許されました。

おそらく、以前からそうしていた比丘や比丘尼たちが、その効き目を訴えたのでしょう。世尊も、当初はやむを得ず、許可したのかもしれません。

しかしシャーリプトラさん。咒文の力は気のせいばかりではありませんね。

いや、「気のせい」というのも、じつは「識」がそういう方向に染まっているということですから、認識を大きく左右します。

日本では、昔からどこか痛いとき、「チチンプイプイ、プイノソワカ」という咒文が唱えられたようですが、これもそれなりの効果をもっていたのだと思います。これを唱えれば、痛さが去っていくと思えたわけですから、そう思った「私」が感じる痛みは変化したはずなのです。

しかし「気のせい」ばかりではなく、インドの人々は「咒文」を直接「いのち」に響く力と捉えていました。

言葉のもつ意味は、大脳皮質に訴え、そこから脳の範囲内で全身に影響を及ぼします。ですから、脳が理解できない事柄による変化に対しては、「私」は抑制的に認識するのが普通です。大脳皮質はあくまでも理性、合理を重んじるからです。

しかしシャーリプトラさん、もう一度「響き」のもつ力を憶いだしていただきたいと思います。世尊はきっと、そこに気づかれたのです。

†いのちに直接働きかける

「響き」、言い換えれば波動というのは、その全てが私たちの「耳識」になるわけではありません。かなり耳のいい人でも、キャッチできるのは二〇〜二万ヘルツ。しかもキャッチするのは、当然ながら表象化できる内容だけです。つまり「意味」のある部分だけを拾い上げている状態なのです。

しかし波動というのは、おそらく耳だけでなく、もっと幅広く「いのち」に直接訴える力をもっているのではないでしょうか。

最近は、特定の色の紙をからだの悪い部分に貼り、その色の波動によって治療するというカラー・セラピーも行なわれていますが、これも波動の直接的効果を期待するものでしょう。皮膚も色を感じることが、判ってきたのです。

香りも熱もまた光も、思えば波動の一種ですから、理知では計り知れない効果がいろいろあるはずです。思えば宇宙の星たちを構成する無数の粒子の大部分は私たちのからだにも存在しているのですから、同じ粒子どうしの波動の共鳴が、私たちの気づかないいろんな場面で起こっていても不思議ではありません。もしかすると、「共時性」という現象そのものにもそれは関わっているのかもしれません。

しかしそうした波動のなかでも、音の効果はもっとも顕著で大きいと云えるでしょう。

だからこそ仏教は、「なんまいだぶ」という念仏、また「なんみょうほうれんげきょう」というお題目まで考えだしました。

むろん、咒文の効果を最も早い時期に採用したのは密教でした。彼らは咒文だけでなく香りや光や熱なども効果的に使っています。それらが直に全体性に繋がるという考え方がはっきりあるのでしょう。

たしかに「意味」を超えた音の響きは、意味を捉えようとする大脳皮質を飛び越えて直接「いのち」に働きます。

言葉に意味のあることは、これは致し方ないことです。そのことが、全体性から分断する作用を促すのも確かでしょう。しかしじつはそれを暗記してしまえば、ある程度意味による弊害も避けることができます。SPECTなど最新の脳機能イメージング法でも、文字を見て詠んだ場合と暗記しているものを唱えた場合では、活性化する部分が大きく違うことがわかっています。簡単に云えば、暗記した音はホログラフィー的に、脳の全体に繋がりをもつようなのです。唱える、唱え続けるという行為によって、意味のある言葉でもそれが気にならない状態になり、脳の全体を活性化することができます。

しかし、最も効果的な咒文は、やはり意味などわからないほうがいい。意味はわからないままに音だけを暗記するのです。そして繰り返し唱え、「響き」の力だけを感じるべきだと思います。

神さま（デーヴァ）に捧げる咒文（ヴェーダ）は、選び抜かれた音によって構成されています。全身がその音によって効果的に共鳴し、それによって宇宙との共振を招くと考えられているのだと思います。

音が直接「いのち」に働きかけ、しかも大いなる関係性のなかで理知のスキを突くように私たちの在り方を変えてくれることを、世尊もはっきり認識されていたのでしょう。

私が今こうして話していることを、世尊はお聞きになっているはずです。深い禅定といったって、声は聞こえる、聞こえるけれども全く妨げにならないという状態ですから、もしも私の発言に御異議がおありなら、きっと世尊はこの話を遮ることでしょう。しかしいまだに深い禅定にあるご様子からすると、間違いなく世尊は同意してくださっているはずです。今もきっと、世尊は自己と外界との境界のなくなった世界に輝かしい光明の波動を見つめながら、優しく同意していらっしゃるのではないでしょうか。

全体の最大の快へ

もう思い切って申し上げます。

「般若波羅蜜多」というのは、じつは特別な呪文なのです。

これは神聖で偉大で、本当に力のある呪文です。

私は無上のものだと思っていますし、他の呪文は比較にもなりません。

繰り返すようですが、是れ大神呪（だいじんしゅ）なり、是れ大明呪（だいみょうしゅ）なり、是れ無上呪（むじょうしゅ）なり、是れ無（む）

等等呪（とうどうしゅ）なり、なのです。

ですからこの呪文を唱えると、「能（よ）く一切の苦を除く」。まさに一切の「苦」を除くことができるのです。これはつまり、この呪文が真実のものであり、虚言ではないということでしょう。

要するに、この呪文を唱えるといつのまにか「私」が消え、「いのち」の本体になりきってしまうということですね。

むろん、その状態で観るあらゆるものは、単なる外観と「空性」のみ、ということになります。

この呪文を唱え続けると、やがて空性なる「いのち」の真ん中にどーんと坐っている自分を発見するでしょう。全体性のなかに溶け込んでいる、とも云えます。そしてこれまで蓄積されてきた「識」が、その響きによって清められていくのを感じるはずです。

まえに十二因縁のところで触れましたが、私たちの「六入」（六処）が「識」を伴って「名色」に「触」れる場面を想ってください。「識」が清まってくれれば、当然

「触」によって生じる「受」も、濁りが少なくなります。むろん純粋に客観的なセンスデータなどはないのですが、少なくともこの呪文を唱えることで「触」は「愛」に向かいません。「愛」とは「私」に都合のいいようにセンスデータを取捨選択する盲目的な衝動でしたね。そしてこれをベースに感覚や認識や感情が「取」という力でまとめあげられるのでした。

呪文は、「触」を「愛」に向かわせません。

聞こえたら聞こえたまま、痛かったら痛いまま、熱くとも熱いままに放っておけるようになるのです。この呪文を唱えながら火渡りをしたり滝に打たれたりできるのは、そういう効果とも関係しています。

もしかすると私たちは、それによって植物のような、根源的な感覚に回帰するのかもしれませんね。

十九世紀の半ば、ライプツィッヒ大学の物理学科・哲学科の教授であり、医学博士でもあったグスタフ・フェヒナーは「植物の精神生活」をその研究テーマにしましたが、彼は植物のあらゆる活動の究極の目的は、「個体のではなく、全体の最大の快」

だと結論しました。これは殆んど、仏教の云う「慈悲」の定義といってもいいでしょう。

この咒文を唱えつづければ、「空」なる「いのち」そのものになる。そしてそれは、植物たちとも同じ「いのち」なのです。「いのち」の反応のまま、それを味わうことが可能になり、もうそれを「名づけ」で固定化したり「概念」で複雑に増幅するようなこともなくなります。

いつのまにか「止（シャマタ）」や「観（ヴィパッシャナー）」も実現していることでしょう。

羯諦羯諦波羅羯諦　波羅僧羯諦　菩提薩婆訶　般若心経

前置きが長くなりましたが、さあ、咒文を申し上げましょう。

ガテー・ガテー・パーラガテー・パーラサムガテー・ボーディ・スヴァーハー

え？　それじゃわからない？

†わからなくていい

わからなくていいんです。意味は気にしないよう、何度も申し上げたでしょう。むろんシャーリプトラさんには、ある程度の意味はわかるでしょうが、しかしこれもいろんな意味に受け取ることが可能ですよね。

とにかく意味を気にしないことです。

これが心ある若者たちにとって、大きな困難であることは私も知っています。意味もわからず丸暗記するなんて、今の日本じゃ流行らないことも存じています。

しかし敢えて私は、たぶん植物のように、響きの力だけをそのまま感じてほしいのです。

玄奘三蔵法師が私の心を感じとり、この咒文だけでなく、「般若波羅蜜多」もその結果得られる「阿耨多羅三藐三菩提」も訳さないでくれたのは素晴らしいことでした。彼が翻訳してくれたものも一応示しておきましょう。

般若波羅蜜多の咒を説く。即ち咒を説いて曰く。

なんだかずいぶん格調高く訳してくれたものですね。で、咒文はというと、

羯諦羯諦波羅羯諦波羅僧羯諦菩提薩婆訶

これが「般若波羅蜜多」に到達するための最上の咒文。

ひいては、ここまで私が申し上げたことの全てが、「般若波羅蜜多」に到るための肝腎かなめのテキストなのです。肝腎かなめと申しましたが、これはむろん肝臓や腎臓というより、心臓（フリダヤ）ほど大事なものです。インドの人々は「フリダヤ」に魂が宿ると考えていましたから、それほど重要だということです。

シャーリプトラさん、善男子善女人と呼ばれる心ある若者たちに対しては、是非このように「般若波羅蜜多」を実践するようにと、話してあげてください。

するとそのとき、世尊は深い禅定から醒めて立ち上がり、突然おっしゃった。

「いやぁ最高でしたよ」

そして高貴なるアヴァローキテーシュヴァラ菩薩すなわち観自在菩薩を賞讃したのです。

「立派、いやぁ立派です。若者たちにも、その通りだと保証しましょう。本当にそのように、あなたが今明らかにされたように、般若波羅蜜多は実践すべきなんです。そうすれば、多くの如来たちもきっと喜んでくださるでしょう」

世尊がそのように話されたので、シャーリプトラ尊者、また高貴なアヴァローキテーシュヴァラ菩薩は、世尊のお言葉に歓喜しました。いや、気がつくと彼らだけでなく、あらゆる天（デーヴァ）や人、阿修羅、乾闥婆など、全ての衆生も皆、世尊のお言葉に歓喜しているのでした。

霊鷲山で説法をするお釈迦さまと、それを聴く比丘や菩薩たち。飛天や迦陵頻伽も法座を荘厳している。奈良国立博物館蔵。

ところでこの阿修羅（Asura：アスラ）や乾闥婆（Gandharva：ガンダルヴァ）というのは、以前はずいぶんクセのある強者でしたが、今やもちろん世尊の守護者になっています。

ことに乾闥婆は妖精のように帝釈天（たいしゃくてん）に仕え、音楽を奏でる楽士として世尊を荘厳（しょうごん）していますから、いつしかグリドゥフラクータ（霊鷲山）の説法場には、妙なる音楽があらゆる衆生を包み込んでいたのです。

これで、「般若波羅蜜多」についての重要な話の一切を終えます。

二、「般若心経」（小本）の訳

それではこれまで観音さまのおっしゃったことに準じて、ここでは日本で主に流布している「小本」の「般若心経」の意味を確認してみましょう。これまでの内容を憶いだしながら読んでみてください。

そして内容を、簡潔な形で頭に叩き込んでいただきたいと思います。

摩訶般若波羅蜜多心経

実相を自在に観る眼のひらけた菩薩は、深い「般若波羅蜜多」を行じていらっしゃったときに、「私たちの体や精神作用は全て自性を持たず、これはいわば縁起における無常なる現象なのだ」と見極められて、一切の苦悩災厄から免れたのである。

観自在菩薩
行深般若波羅蜜多時
照見五蘊皆空
度一切苦厄

(その観自在菩薩が云うには)

舎利子よ。あらゆる物質的現象には自性がないのであり、しかも自性がないという実相は、常に物質的現象という姿をとる。

およそ物質的現象というのは、すべて自性をもたないのであり、逆に自性がなく縁起するからこそ物質的現象が成り立つ。（人間の眼に観察できる物質的現象であるというのは、そういうことなのである。）

同じように、感覚も、表象作用も、意志も、意識・無意識を含めたどんな認識も、それじたいに自性はなく、縁起のうちに無常に生滅している。

舎利子よ、この世においては、全ての存在するものには自性がないと云えるだろう。

だから（我々の観察と違い）、生じたり滅したりもしないし、汚れたりきれいになったりもしない。また

舎利子
色不異空
空不異色
色即是空
空即是色

受想行識亦復如是

舎利子
是諸法空相
不生不滅
不垢不浄

減ることも増すこともない。（私たちがそう感じるのは、ただ縁起によって出逢う無常の現象を、概念によってそのように解釈しているだけなのだ。）

　だからこの自性がないことを徹見した立場で見るならば、感覚にも表象にも意志にも認識にも自性はなく、また眼も耳も鼻も舌も身体も心も単独で恒久的に存在するのではないし、その六根に捉えられる形も声も香りも味も、また触れられるものも思われる対象も、それ自身が自性をもっているのではないと知るだろう。（全ては感覚と対象との「出逢い」による暫定的な出来事なのである。）

　だから、この立場からは「無明」が本来的に存在するなどとは認められない。つまり十二因縁の最初から最後まで、当然「老死」までが悉（ことごと）く自性をもたない、

不増不減

是故空中無色
無受想行識
無眼耳鼻舌身意
無色声香味触法
無眼界乃至無意識界

無無明
亦無無明尽
乃至無老死

ということになる。

むろん（四諦で確定される）「苦」も、その発生も、それを滅する可能性も方法も、ない。（それは名づけと概念によって確からしく見えるが、いわば幻想なのだ。）

ここに述べようとする「般若波羅蜜多」は、結局「智」と名づけられるものでもなく、「得る」べき何かでもない。「般若波羅蜜多」とは、（本来の「いのち」という実相の発現であるから、）別にあらためて「得る」ものではないのである。

真の求道者である菩薩は、だからこの「般若波羅蜜多」を実践して心に何のわだかまりもなくなった。わだかまりがないから恐れもなく、一切の邪見偏見から自由になり、永遠なる心の静寂を得られたのである。

亦無老死尽
無苦集滅道
無智亦無得
以無所得故
菩提薩埵　依般若波羅蜜多故
心無罣礙　無罣礙故
無有恐怖　遠離一切顛倒夢想
究竟涅槃

過去・現在・未来のすべての仏と呼ばれる人々は、この「般若波羅蜜多」を実践することで、この上ない普遍的人格に目覚めるのである。

だから今、知るべきである。

「般若波羅蜜多」とは、大いに神秘的な咒文なのであり、それは光輝ある呪文であり、他に比類のない最高の咒文なのだ、と。

つまり、この咒文は世の一切の苦悩を取り除くことにおいて、まさしく真実であるし、一点の虚妄もないのである。

ではその「般若波羅蜜多」の咒文を示そう。

羯諦　羯諦　波羅羯諦　波羅僧羯諦　菩提薩婆訶

（ガテー・ガテー・パーラガテー・パーラサムガ

三世諸仏
依般若波羅蜜多故
得阿耨多羅三藐三菩提
故知
般若波羅蜜多　是大神咒
是大明咒　是無上咒
是無等等咒
能除一切苦
真実不虚
故説般若波羅蜜多咒
即説咒曰
羯諦羯諦波羅羯諦
波羅僧羯諦

テー・ボーディ・スヴァーハー）　　　　　　　　菩提薩婆訶

ここに智慧の完成のための重要な教えを終わる。　　般若心経

摩訶般若波羅蜜多心經
觀自在菩薩行深般若波羅蜜多時照見五
蘊皆空度一切苦厄舍利子色不異空空不
異色色即是空空即是色受想行識亦復如
是舍利子是諸法空相不生不滅不垢不淨
不增不減是故空中无色无受想行識无眼
耳鼻舌身意无色聲香味觸法无眼界乃至
无意識界无无明亦无无明盡乃至无老死
亦无老死盡无苦集滅道无智亦无得以无
所得故菩提薩埵依般若波羅蜜多故心无
罣礙无罣礙故无有恐怖遠離一切顛倒夢

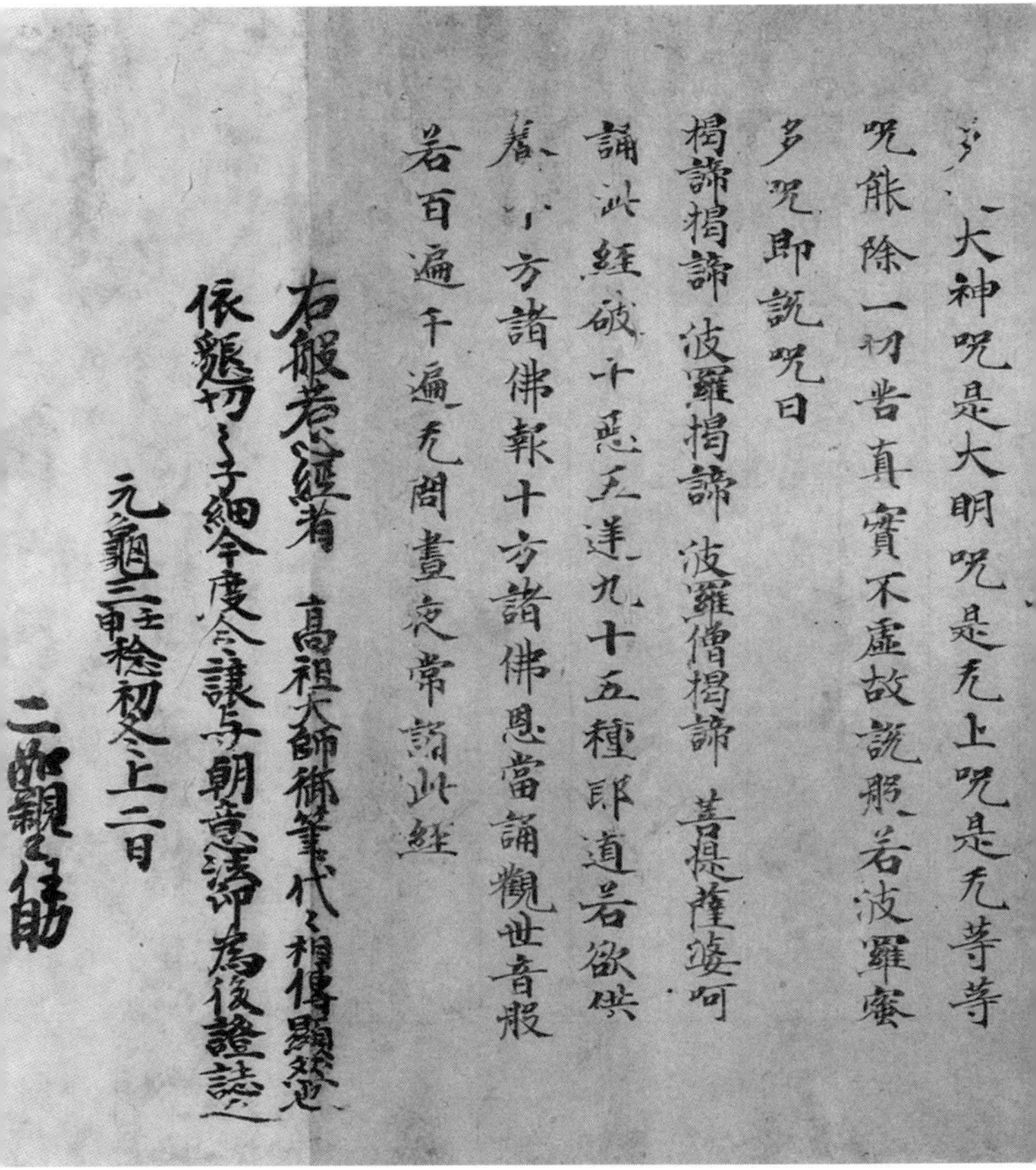

仁和寺に伝えられた、空海筆とされる『般若心経』墨蹟。このお経を絶賛した空海（774-835）は、嵯峨天皇・橘逸勢とともに三筆のひとりに数えられる。唐招提寺蔵。

心経

観自在菩薩行深般若波羅蜜多時照見五蘊皆空
度一切苦厄舎利子色不異空空不異色色即是空
空即是色受想行識亦復如是舎利子是諸法空
相不生不滅不垢不浄不増不減是故空中無色無
受想行識無眼耳鼻舌身意無色声香味触法
無眼界乃至無意識界無無明亦無無明尽乃至

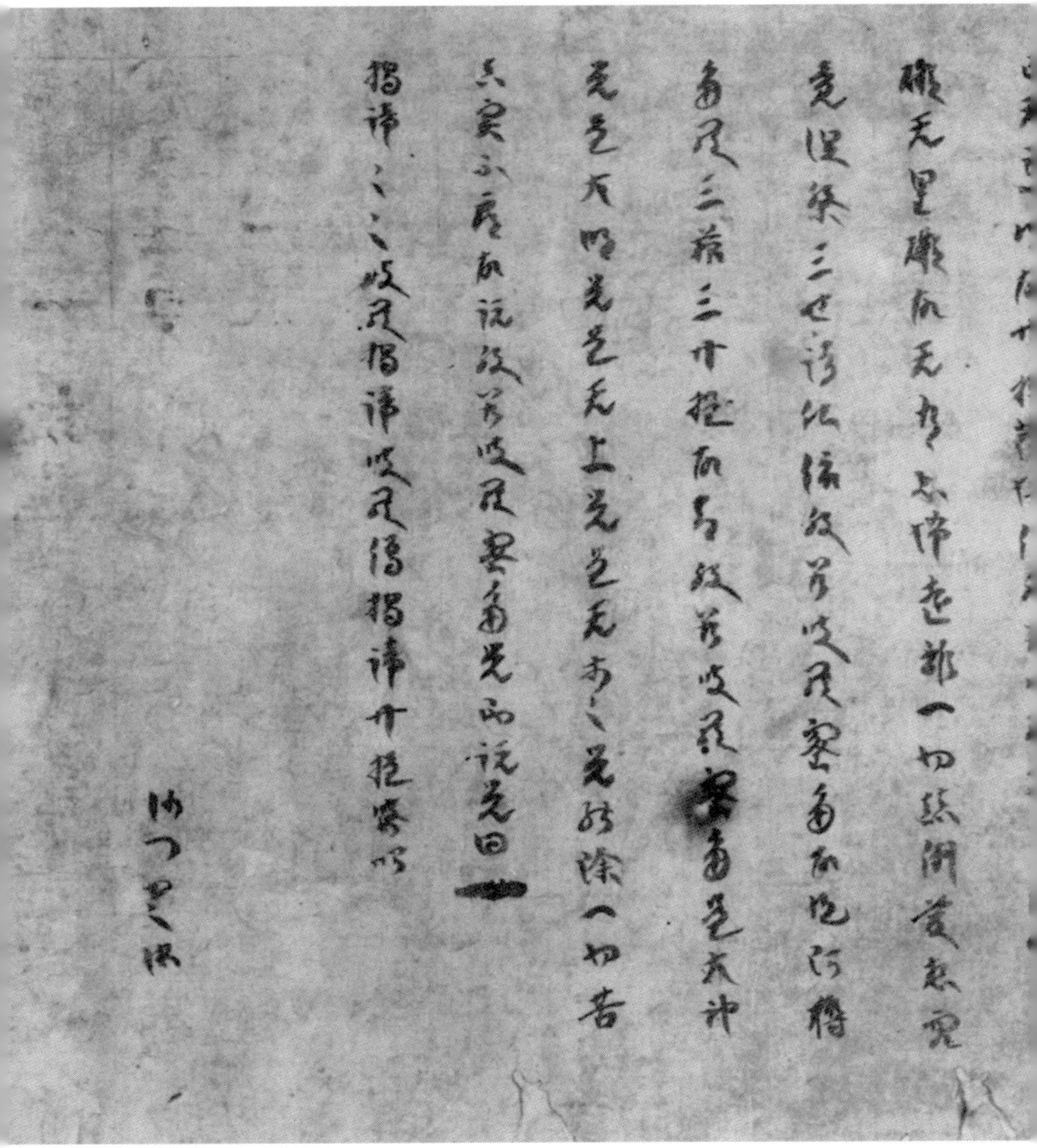

空海筆とされる「鼠跡心経」。書体がネズミの足跡に似ていることからそう呼ばれ、唱えるスピードで書かれた（！）との説もある。落款に「沙門空海」とある。唐招提寺蔵。

三、「般若心経」（小本）の書き下し

それでは内容が充分理解できたところで、今度は書き下し文で読んでみましょう。もう一度内容を頭のなかで確認してください。

摩訶般若波羅蜜多心経

観自在菩薩、深般若波羅蜜多を行じし時、「五蘊(ごうん)は皆空なり」と照見して、一切の苦厄を度したまえり。

舎利子よ、色は空に異ならず、空は色に異ならず、色は即ち是れ空、空は即ち是れ色なり。受想行識も亦復(またま)た是くの如し。

舎利子よ、是の諸法は空相にして、生ぜず、滅せず、垢つかず、浄からず、増さず、減らず。是の故に空の中には、色も無く、受も想も行も識も無く、眼も耳も鼻も舌も身も意も無く、色も声も香も味も触も法も無し。

眼界も無く、乃至、意識界も無し。無明も無く、亦、無明の尽くることも無し。乃至、老も死も無く、亦、老と死の尽くることも無し。

苦も集も滅も道も無く、智も無く、亦、得も無し。得る所無きを以ての故に。

菩提薩埵は、般若波羅蜜多に依るが故に、心に罣礙無し。罣礙無きが故に、恐怖有ること無く、一切の顚倒夢想を遠離して涅槃を究竟す。

三世の諸仏も般若波羅蜜多に依るが故に、阿耨多羅三藐三菩提を得たまえり。

故に知るべし。般若波羅蜜多は是れ大神咒なり。是れ大明咒なり。是れ無上咒なり。是れ無等等咒なり。能く一切の苦を除く。真実にして虚ならず。

故に般若波羅蜜多の咒を説く。即ち咒を説いて曰く、

羯諦　羯諦　波羅羯諦　波羅僧羯諦　菩提薩婆訶

「般若心経」

†すべてたもつ

それでは最後に、以上の意味を忘れて「般若心経」を音読してください。

「般若波羅蜜多」は結局呪文(じゅもん)の実践だと書きましたが、じつは「般若心経」ぜんたいが、一つの「陀羅尼(だらに)」と考えることができます。「陀羅尼」とは、「総持」と訳されますが、もともと普遍的な真理を理解し、記憶し、それを保つ能力のことです。「持」は「たもつ」と読みますから「総(すべ)て持(たも)つ」のです。

むろん音読するかぎり、漢訳であれ音写であれどんなお経でもそうした能力を培い、また読誦にあたっては殊に「総持」の力を必要とします。しかしとりわけこのお経は、テーマが「般若波羅蜜多」という普遍的真理、そしてそれを実現するための呪文ですから、なおさら「全体」を持つことが重要になります。

理解し、記憶し、そして保つことは、むろん同時にはできませんし、この順番で進むことになります。私の勝手な考えですが、もしかしたらこれらを渾然と一気にできるのが植物かもしれませんね。しかし人間の場合はこれを順番に進めるしかありません。いわば「進化」した脳を持ってしまった代償のようなものですから、仕方ありません。

†まるごと憶え、まるごと再生する

ところで理解と記憶は、共に理知的な活動であるように思われるかもしれませんが、理解から記憶に進む際には、じつは質的に劇的な転換が起こっています。ここで云う記憶とは断片的な知識の記憶ではありません。断片的に気に入ったフレーズを記憶するのは「私」ですが、全体をまるまるそのまま記憶する場合は「私」が記憶するわけではないのです。

奇妙に聞こえるかもしれませんが、いったん記憶された音の連なりは、一切の思考を伴わずに出てきます。いや、あらゆる思考はその表出を邪魔する働きしかしないと云えるでしょう。「陀羅尼」は、まるでスイッチを押すと自動的にという感じで出てくるのです。私はこの記憶の在り方に、どうも「空」が関与している気がして仕方ありません。いわば、五蘊が空であることを常に自覚させる力そのものとして、陀羅尼は再生されるように感じるのです。全体がまるごと記憶され、それは再生されるたびに「識」を浄化していくのではないでしょうか。

再生しながらその力を保つことで、「識」そのものも「空じられる」と考えてもいいでしょう。

ここでもう一度、世尊の教えが文字に書かれることなく、弟子たちそれぞれに記憶されていたことを憶いだしてください。世尊の死後に開かれた第一回仏典結集(けつじゅう)では、アーナンダ(阿難)が主唱し、多くの弟子たちがそれに意見を出し合う形で教えが一般化されていきます。それによって失われたものも多いはずですが、ここでは誰もがそのような形で自らへの世尊の教えを記憶し、しかも保持していたことに注目してください。当時の弟子たちは、誰もがそうして世尊の教えを記憶し、反芻(はんすう)していたのです。

†受け継がれる教え

思えば当時のバラモンたちの最も重要な務めも、「ヴェーダ」という神々への讃歌を集めた聖典の暗誦でした。むろんそれ以外に、彼らは「ブラーフマナ」(梵書)、

「アーラニヤカ」（森林書）、「ウパニシャッド」（奥義書）と呼ばれる書物群で宗教や祭式、哲学なども学びました。しかし何より彼らに期待されていたのは、国家においても家庭においても、節目節目の儀式を「ヴェーダ」によって立派に遂行することだったのです。「ヴェーダ」は十四世紀後半まで文字化されることなく、口から口へ響きそのものとして承けつがれました。彼らは「ヴェーダ」の響きと一体化しているがゆえに神聖視されたと云っても間違いではないと思います。いわば個人の気息（アートマン）が、そこではブラフマンの息吹に重なると想われていたのでしょう。

　当時としてはきわめて合理的だった世尊は、たしかに動物の供犠など強く反対した項目は幾つもあります。しかしけっして、バラモン文化の全てを否定したわけではないのです。そのことは、世尊がヴリッジ族の人々に示した七箇条の教えにも明らかです。世尊はその七条目に、内外の宗廟とさまざまな宗教家とを尊敬すべし、と教えています。ここから読み取れるのは、世尊の寛容心ばかりでなく、当時のインドの宗教文化全体への、世尊の肯定的な理解ではないでしょうか。少なくとも宗教的な教えはまるまる暗誦するもの、という伝統は、世尊においても脈々と受け継がれていたのです。

†「いのち」へ遡上する旅

しかし永い「知的」な時間を隔てた私たちは、今や後世に経典として書かれた言葉から出発するしかありません。いわば文字という一般的な知から入った教えを、そのような息吹に溢れた響きへと、還元しなくてはならないのです。これは歴史的な道を逆に遡り、文字から言葉へ、言葉から響きへと遡上して「いのち」に触れる旅と云うこともできるでしょう。

あくまでもそれは、「陀羅尼」を暗誦して唱えることによってのみ実現するのです。語句の意味を気にしていてはスムースな音読はできません。しかしそれは、繰り返し唱えるうちに文字であることを超え、さらには意味を超えた「空」なる力として記憶され、また保持されるでしょう。

†宇宙に繋がる

自分の声の響きになりきれば、自然に「私」は消えてくれるはずです。繰り返しになりますが、要は全体の記憶やその保持が、最終的には「私」によってなされるのではない、ということです。少なくとも、「陀羅尼」を唱えているときの「私」の殻は、少しずつ薄くなっていくはずです。その薄くなった殻を透かして、私たちは「空」という本当の関係性に気づいてゆくのです。

声の響きと一体になっているのは、「私」というより「からだ」、いや、「いのち」と云ってもいいでしょう。むろんそれは宇宙という全体と繋がっています。

思えば世尊が繰り返し説かれたのも、自分で作った「私」という殻がいかに「苦」を生みだすものであるか、ということではなかったでしょうか。

†仕立てあげた「私」の溶融

「私」がどう転んでも真のやすらぎはやってきません。

知的に明確に知ることで得られるのは、やすらぎではなく単なる満足にすぎません。知的に知る主体は「私」だからです。

「私」には、断片化された世界を安易に「全体」と勘違いする危険もありますのでご注意ください。長年、世界の中心であるかのような意識をもちつづけた「私」の殻は、相当に強固なのです。

「私」を形成する力は「行」と呼ばれました。これは梵語では「サンスカーラ」という、本来は自然な素材に手を加え、目的にあったものに仕立てるという意味です。この言葉はまた、社会的にはさまざまな通過儀礼の意味でも使われます。つまり一人前の社会人に育てるために必要なシステムということでしょう。要するに、この社会に生きてゆきやすいように「私」を仕立てることは、ある意味で仕方のないことなのです。「私」なしでは日常生活が送れないことも確かです。

しかし同じ「私」が、幾多の苦悩をも生み出してきたこともまた確かです。だからこそ世尊は「一切行苦」とおっしゃったわけです。「いのち」の実相とはかけはなれた「私」の思い込み。不変で、自立的であるという顚倒夢想が、あらゆる「苦」を今も生みだしつづけているのです。

世尊はサンスカーラを滅尽するため、ひたすら瞑想に励むように私たちを促しました。しかし言葉を介さず、「全体性」に混入しようというのが瞑想であるなら、陀羅尼の読誦もまた紛れもなく瞑想なのです。

さあ、陀羅尼としての「般若心経」を唱え、「いのち」の響きのうちに少しずつ「私」を霧消させてやすらぎを感じとってください。

むろん初めからやすらぎは無理でも、とにかく「いのち」の響きと「全体」に潜在する意味とに静かに身を委ねるのです。そして「花」も「私」も自立的でも恒久的でもなく、隔てなく融合しながら同じ「いのち」の「縁起」のなかにあることを感じとってください。

これは自分というものが真の意味で変革される最上の方法です。「全体」との本当の関係性のなかで、自分が再生していく道なのです。

†究極のやすらぎへ

人が成長するとは、むろん多くを知ることではありません。無始と呼ばれる始めなき「いのち」を支える関係性（縁起）を、いかに実感していくか。それ以外に人間の成長する道はないはずです。

暗闇のなかでも、苦悩の最中にも、また病に臥せっていても、はたまた悲しみに打ち沈んでいても、いつでもどこでも「般若波羅蜜多」への道は静かに続いています。それは究極のやすらぎ（涅槃）へと続く道です。

あとはどうぞ、あなたなりのやり方でこの道を歩きはじめてください。やすらぎが苦悩とは同居できないことを、あなたはやすらぎのうちに感じることでしょう。

観音さまのように五蘊がみな「空」であると実感され、一切の苦悩や災厄から自由になられることを念じています。

え？　おまえは筆者か、観音さまかって？

どうも渾然として、わからなくなってしまいました。

夢か現か……。

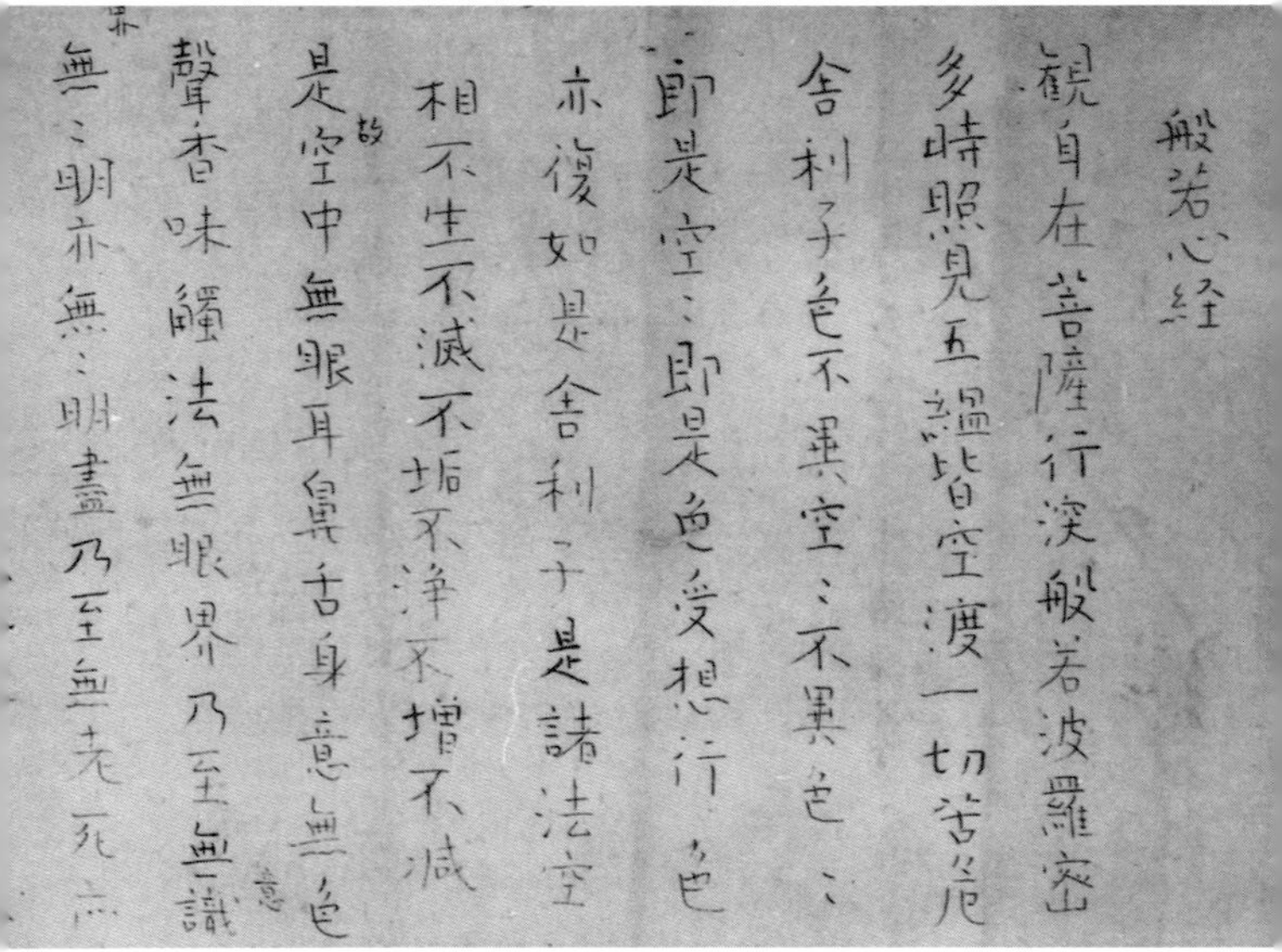
般若心経
観自在菩薩行深般若波羅蜜
多時照見五蘊皆空度一切苦厄
舎利子色不異空〻不異色〻
即是空〻即是色受想行色
亦復如是舎利子是諸法空
相不生不滅不垢不浄不増不減
是空中無眼耳鼻舌身意無色
聲香味觸法無眼界乃至無識
無〻明亦無〻明盡乃至無老死亦

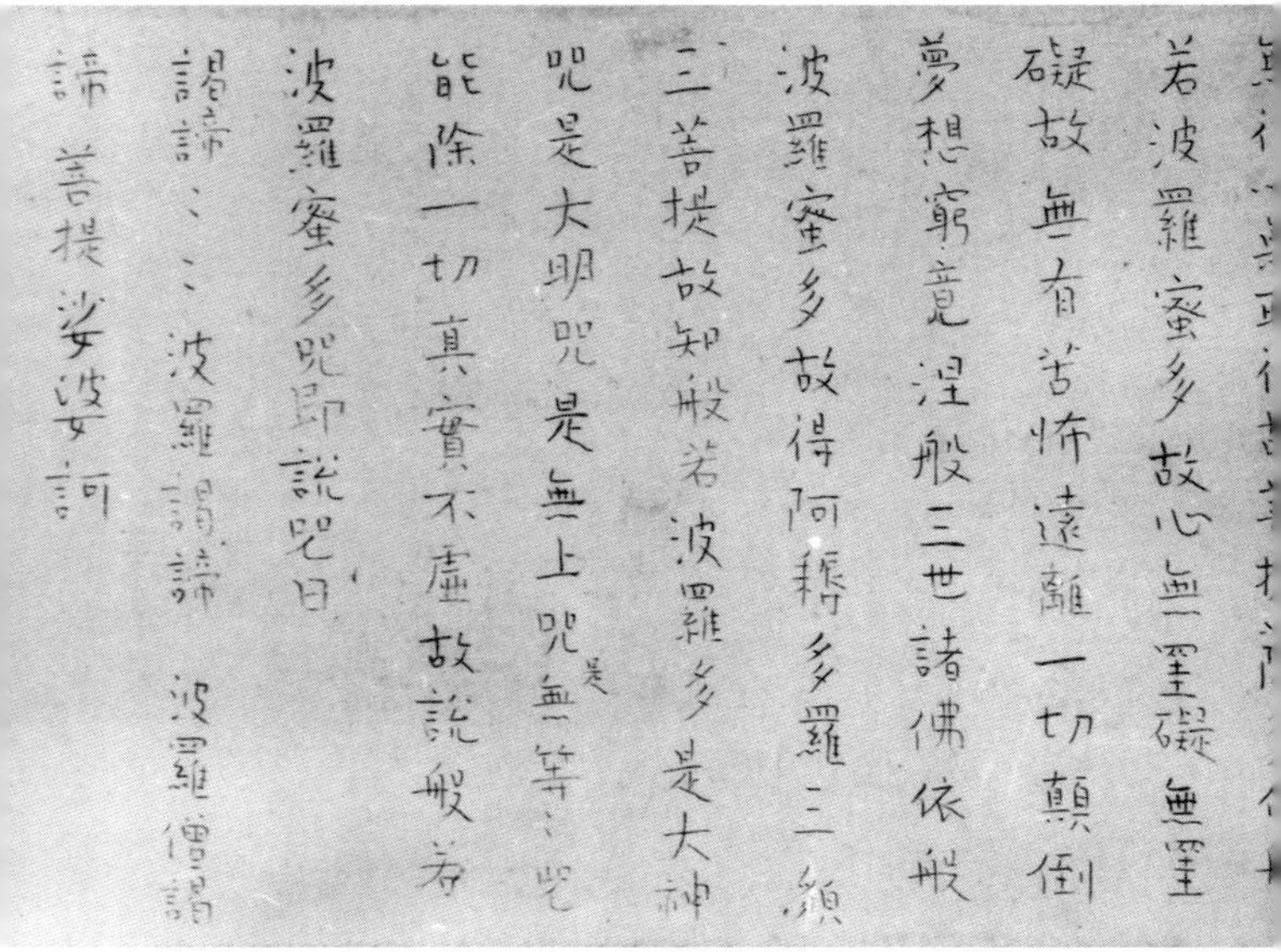

良寛の『般若心経』遺墨。良寛（1757/58-1831）は、越後（新潟県）出雲崎生まれの禅僧。「へたうま派」の元祖？　静かな運筆から洒脱な味が滲む。良寛記念館蔵。

般若心経全文

摩訶般若波羅蜜多心経
観自在菩薩行深般若波羅蜜多時照見五
蘊皆空度一切苦厄舎利子色不異空空不
異色色即是空空即是色受想行識亦復如
是舎利子是諸法空相不生不滅不垢不浄
不増不減是故空中無色無受想行識無眼
耳鼻舌身意無色声香味触法無眼界乃至
無意識界無無明亦無無明尽乃至無老死

亦無老死尽無苦集滅道無智亦無得以無
所得故菩提薩埵依般若波羅蜜多故心無
罣礙無罣礙故無有恐怖遠離一切顛倒夢
想究竟涅槃三世諸仏依般若波羅蜜多故
得阿耨多羅三藐三菩提故知般若波羅蜜
多是大神咒是大明咒是無上咒是無等等
咒能除一切苦真実不虚故説般若波羅蜜
多咒即説咒曰
羯諦羯諦波羅羯諦波羅僧羯諦菩提薩婆訶
般若心経

般若心経のよみ方

実際に音読して憶えようという方のために、私の普段のよみ方も示しておきましょう。音便や音引きもそのまま書いてみます。木魚を入れる場合は、基本的に漢字一文字に木魚一回。例外は最後の真言の「はらそうぎゃーてー」の「はら」と「ぼーじーそわか」の「そわ」、これらは漢字二文字ですが、木魚一回でよみます。

まかーはんにゃーはらみたしーんぎょー
かんじーざいぼーさーぎょーじんはんにゃーはーらーみーたーじーしょーけんごーおんかいくーどーいっさいくーやくしゃーりーしーしきふーいーくーくーふーいーしきしきそくぜーくーくーそくぜーしきじゅーそーぎょーしきやくぶーにょーぜーしゃー

りーしーぜーしょーほーくーそーふーしょーふーめつふーくーふーじょーふーぞーふーげんぜーこーくーちゅーむーしきむーじゅーそーぎょーしきむーげんにーびーぜっしんにーむーしきしょーこーみーそくほーむーげんかいないしーむーいーしきかいむーむーみょーやくむーむーみょーじんないしーむーろーしーやくむーろーしーじんむーくーしゅーめつどーむーちーやくむーとくいーむーしょーとっこーぼーだいさったーえーはんにゃーはーらーみーたーこーしんむーけいげーむーけいげーこーむーうーくーふーおんりーいっさいてんどーむーそーくーぎょうねーはんさんぜーしょーぶつえーはんにゃーはーらーみーたーこーとくあーのくたーらーさんみゃくさんぼーだいこーちーはんにゃーはーらーみーたーぜーだいじんしゅーぜーだいみょーしゅーぜーむーじょーしゅーぜーむーとーどーしゅーのーじょーいっさいくーしんじつふーこーこーせつはんにゃーはーらーみーたーしゅーそくせつしゅーわつぎゃーてーぎゃーてーはーらーぎゃーてーはらそうぎゃーてーぼーじーそわかーはんにゃーしーんぎょー

絵心経

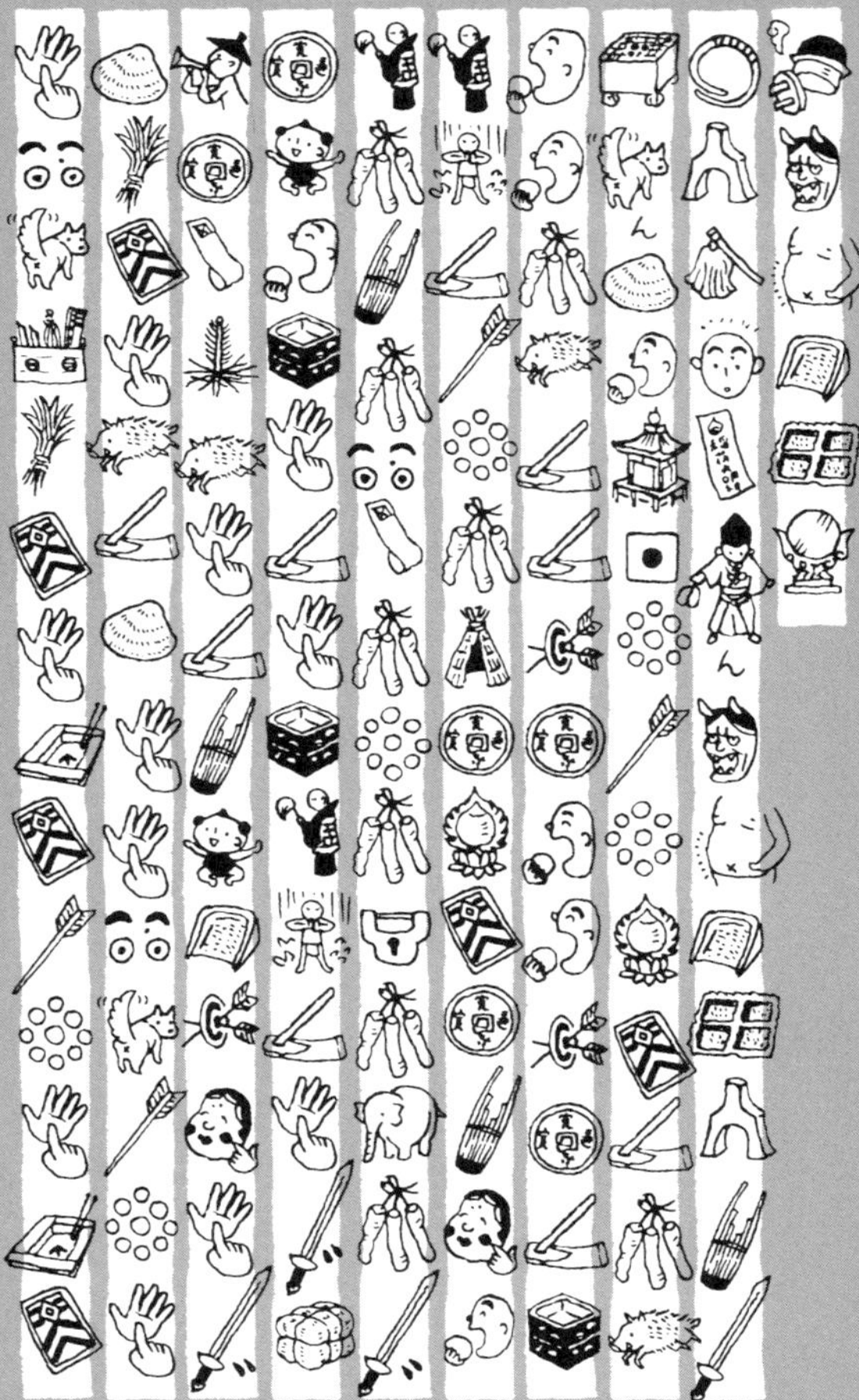

庚申
つ
ん

絵心経は今から三百年ほど遡る元禄時代、現在の岩手県に住む善八さんという御仁が考案したらしく、文字を読めない善男子善女人や子どもたちのために経文を絵文字に置き換えた。今の我々には却って雑念が涌きそうだが、これを見ても、意味はともかく音を覚えようとした時代が彷彿とする。

釜（カマ）が逆さまで「摩訶」、般若のお面が「般若」、「波羅」は腹、「蜜」は箕（ミノ＝ミ）、「多」が田んぼ……というように、当時の庶民にとって身近なものを当て嵌め、ユーモラスに描かれている。色（シキ）が「鍬（スキ）」となまっているのは、東北弁の影響らしいが、ほかにも判じ物のように解けない絵がありそう。

「菩薩」の「菩」が「坊（ボウ）」で表されるのは古典に従ってのことだが、その顔にホクロがあるのはここだけの話。この絵心経は、イラストレーターの川口澄子さんが古い印刷物をもとに、ここだけの工夫も混じえて描き下ろしてくださったものである。

解題

『般若心経』の原文はサンスクリット（梵語）であるが、作者はわかっていない。漢訳として最も知られるのは唐の玄奘三蔵訳であるが、ほかにも鳩摩羅什訳など合計八種の訳があり、内容に大差はない。

ここで私が使わせていただいたのは玄奘三蔵訳を元にした流布本(るふぼん)であり、本文に玄奘訳にはない「一切」という文字が付加され、また本来「般若波羅蜜多心経」であったタイトルに「摩訶」がつき、さらに「仏説」が加えられ、あるいは「掲帝」とか「羯帝」が「羯諦」になったり、「僧莎訶」が「薩婆訶」になったりという文字の異同はあるが、基本的には問題にするような違いはない。

ただ、流布本は「小本」を基にしており、これより長い「大本」と呼ばれるものがチベットなどでは主に読まれている。

「小本」はあまりにエッセンシャルで状況設定などがわかりにくいため、初めに「大本」の訳を示し、それから小本で確認していただくようにした。

本書はあくまでも解説ではなく、『般若心経』の訳のつもりである。訳がそんなに長くなるはずはないと思われるかもしれないが、自分が実感をもてる言葉に置き換えようと思うと、どうしてもこの程度の長さになってしまうのである。

その際、注意したのは、仏教学的な議論を持ち込まないことだ。「空」の理論を大成した龍樹（ナーガールジュナ）を初め、いわゆる仏教学の内部には収拾がつかないほど意見の違いがある。言葉の定義さえ、学派によっては違ってくる。しかも仏教の習慣で、これが決定版などとは決めないため、一つ誰かの考えを採用するなら反対意見も紹介しておかなくては不公平になり、それでは煩雑になりすぎて「訳」ではなくなってしまうのである。

むろん、その上で自分の考えを示せるほど、私が仏教学に通じていないせいもある。空海の『般若心経秘鍵』など、刺激に満ちた論書も多いのだが、ここでは出来るかぎりそうした祖師たちの文章も引用しないようにした。

その代わり、本書には生かじりながら科学分野での知見をいろいろと挿入させていただいた。

一つには、私自身、そうした研究成果などを見聞きしながら『般若心経』の内容を納得していった経過がある。むろんさまざまな学問分野に、仏教の用意してくれる補助線を用いて理解を深めることも多かった。驚いたことに、仏教が辿り着いた世界認識は、今のところそうした成果とそれほど大きな齟齬(そご)をきたさないのである。私自身そう感じるのだから、同時代に生きる読者の皆さんにとっても、このほうがわかりやすいだろうと思った次第である。

むろん、だからといって私は、合理性や理知に身を委ねようというつもりはない。それはこのお経の主旨にも反する。

これは現在の私が、日々唱えながらからだごと納得している『般若心経』の内容であり、実感なのである。

あとがき

お寺に生まれた私は、思い起こせば四歳の頃に『般若心経』を覚えた。暗記したら三百円くれると云われ、三日で覚えた記憶がある。本堂で父親の前で唱え、無事三百円を手にしてまっすぐプラモデルを買いに走ったのを鮮やかに憶いだす。それにしても今思うと、なんという暗記力、なんという「現金な」流動性知能の発現だったことかと、我ながら呆れる。

当然、そのとき覚えたのは意味の関係ない音の連なりである。成長に伴って意味も学び、より深く味わえるようにもなったわけだが、どうもあのとき覚えた音は音として、私の中の別な場所に収まっているような気がする。いや、本文の主旨に従えば、音を覚えているのは「私」ではないのだろう。

高校、大学、そしてその後道場に行くまでの十数年間、じつは私は『般若心経』をあげていなかった。しかしここ二十年ほどは一日に複数回よむことが多いから、均（なら）せ

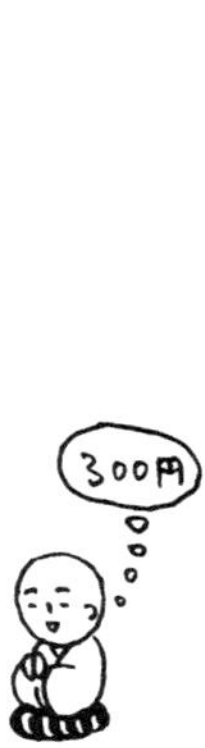

ばようやく挽回した頃かと思ったりもする。

一般的に云えば、私が『般若心経』を唱えなかったのはちょうど自我が芽生え、それがある程度形になってくる頃だった。思えばそれは、一番苦しい時代でもあった。「私」に振り回されるままになり、じつは「私」の欲求でしかないものに、たいそう哲学的な思弁を絡めて深刻ぶっていたのである。

むろん『般若心経』を唱えなかったからそうなったわけではないだろう。おそらくは誰でも、ただ闇雲にお経を唱えるなんて無意味なことだと、感じる時代があるのではないだろうか。


今もおそらく、読者のなかには意味のわからない咒文（真言、マントラ）を唱えても仕方ない、またそれほど凄い咒文ならなんとしても意味が知りたいと思っている人が多いことだろう。

しかし私は、そこが現代人の救いがたさだと申し上げたいのである。

エラそうに云う資格は私にもないが、しかし私は実感としてそう感じる。道場に入って再びお経をよみだしたとき、なぜかすぐに記憶は甦り、しかもそれは唱えるたびに私のからだを活性化していくように感じた。それは痛切な感触だった。

とにかく理屈抜きで覚えてしまい、意味はいずれ唱えるたびに沁みだしてくるというような、じっくりつきあう価値も世の中にはあるのである。大袈裟に云えば、人体のプログラムもそのようなものではないだろうか。

むろん、咒文の意味をどうしても知りたい、知らなくては夜も眠れない、という方は、ほかの本に当たればいくらでも書いてあるからそちらを読んでいただきたい。ただ断っておきたいのは、べつに脅すつもりはないが、「知る」ことが「しあわせ」に繋がるものではないと、私は感じているということである。

『般若心経』、とりわけあの咒文の部分を唱えていて最近私が感じるのは、「再生」あるいは「再出発」の喜びのようなものである。いつからということもなく、とにかくあれを唱えるそのたびに「再出発」する気分になる。むろんそのような言葉で思うのではなく、ふつふつと「いのち」に湧きあがる実感として感じるのだ。

あとはもう、ご自身で感じていただくしかない。ソクラテスにも掴みえなかった「しあわせ」の実感を、少しでも感じる端緒にしていただけたら、私も「しあわせ」である。

『禅的生活』や『禅語遊心』のときと同様、今回も原稿段階で臨済宗妙心寺派教学研究委員の皆さんに厳正な校閲を頂戴した。

並木優記氏、野口善敬氏、徳重寛道氏、朝山一玄氏、矢多弘範氏、廣田宗玄氏、松下宗柏氏、また新たに若い本多道隆氏にも加わっていただき、いつもながらの慈悲深いご協力をいただいたことにあらためて感謝申し上げたい。彼らの該博で精緻なご指摘にはつねづね肝を冷やすのだが、ことに今回の本では、サンスクリットやパーリ語について赤子の如き私に、懲りずに懇切にご教示下さった徳重さんと朝山さんに、特に感謝申し上げたい。

なお彼らも毎日『般若心経』を唱えている方々であり、また内容についても深い学藻と独自の卓見をお持ちであるため、必ずしもここに書かれた私の見解に細部まで同意されているわけではないこともお断りしておきたい。あくまでも基本的な誤りのないようご指導いただいたのであり、大筋の解釈における突出や歪みがもし感じられたなら、それは総て私の意図であり、責任であるとお考えいただきたい。

また今回はせっかく臨済宗の私が出す本なのだし、どうせなら吾が宗の祖師が書き残された「般若心経遺墨」を載せたいと思い、いろいろ探し、また教学研究委員の皆さんにも探していただいた。しかしこれが、いっこうに全く、コンリンザイないのである。白隠禅師は『毒語心経』で字面をあげつらいながらこのお経を讃歎しているが、むろんそのまま写すなんておとなしいことはしていない。

今では写経がブームみたいに流行っているが、たぶん臨済宗の祖師方は唱えることですぐさま字面を離れ、響きに三昧になる方法こそを選んだということなのだろう。写経という行為に水を差すつもりはないが、写経にいそしむ人々にもまずは暗誦するまで読誦することをお勧めしたい。

弘法大師のお作が二つも出てくるが、それは一つには以上のように臨済宗の祖師のものが全く見当たらないこと、もう一つは、その「鼠跡(そせき)心経」からは音が聞こえてきそうなのでどうしても載せたかった、という次第であり、けっして私が真言宗に転宗したわけじゃないことをお断りしておきたい。

良寛和尚の写経も、じつに遅筆だったらしいが、きっと手毬歌のように何度も楽しそうにお唱えしながら書いたものだろう。お唱えしながら眺め、一緒に楽しんでいただきたい。

最後になったが、今回も筑摩書房の磯知七美さんには章立てから見出し、あるいは最適な図版や挿画の手配まで、一切のお世話になった。本書がもし読みやすくまた愛蔵したいものに仕上がったとするなら、その大方は磯さんの工夫である。また挿画の川口さんも、ご自身が読み込んだうえで、飄逸な挿画を当初の予定以上に描いてくださった。お陰で文章の非力を覆って余りあるてんこ盛りの楽しい本になったと思う。校閲、営業、製作等々、私には姿の見えにくい方々のいつもながらのご助力にも併せて感謝申し上げたい。

二〇〇六年四月二十八日

玄侑宗久　拝

玄侑宗久公式ホームページ　http://genyu-sokyu.com/
公認ホームページ　http://www.genyusokyu.com/

【図版クレジット一覧】

P017
ひざまずくプラジューナーパーラミタ像（12世紀末〜13世紀初頭　カンボジア、アンコール、プリヤ・カン出土　プノンペン国立博物館所蔵　石井久雄撮影）
P22-23
貝葉梵本心経及び尊勝陀羅尼（8世紀後半　法隆寺旧蔵　重文　東京国立博物館蔵）
P34、P83、P124
観音図（伝祥啓筆　15世紀後半　臨済宗大本山建長寺蔵）
P177
刺繍釈迦如来説法図（8世紀　国宝　奈良国立博物館蔵）
P186-187
伝空海筆　仁和寺旧蔵心経（9世紀　唐招提寺蔵）
P188-189
伝空海筆　鼠跡心経（9世紀　唐招提寺蔵）
P204-205
良寛筆　般若心経（19世紀前半　良寛記念館蔵）
P210―211
絵心経　川口澄子（文京図案室）

★

章扉墨跡
岸本松洲筆　楷書体写経手本より（墨運堂提供）

★

本文イラストレーション
川口澄子（文京図案室）

ちくま新書
615

現代語訳 般若心経

二〇〇六年 九 月一〇日 第 一 刷発行
二〇二三年一二月二〇日 第二三刷発行

著者 玄侑宗久（げんゆう・そうきゅう）

発行者 喜入冬子
発行所 株式会社 筑摩書房
東京都台東区蔵前二―五―三 郵便番号一一一―八七五五
電話番号〇三―五六八七―二六〇一（代表）
装幀者 間村俊一
印刷・製本 株式会社 精興社

ISBN978-4-480-06319-9 C0215

ちくま新書

085 日本人はなぜ無宗教なのか　阿満利麿
日本人には神仏とともに生きた長い伝統がある。それなのになぜ現代人は無宗教を標榜し、特定宗派を怖れるのだろうか？　あらためて宗教の意味を問いなおす。

660 仏教と日本人　阿満利麿
日本の精神風土のもと、伝来した仏教はどのように変質し血肉化されたのか。日本人は仏教に出逢い何を学んだのか。文化の根底に流れる民族的心性を見定める試み。

783 日々是修行――現代人のための仏教一〇〇話　佐々木閑
仏教の本質とは生き方を変えることだ。日々のいとなみの中で智慧の力を磨けば、人は苦しみから自由になれる。科学の時代に光を放つ初期仏教の合理的な考え方とは。

569 無思想の発見　養老孟司
日本人はなぜ無思想なのか。それはつまり、「ゼロ」のようなものではないか。「無思想の思想」を手がかりに、日本が抱える諸問題を論じ、閉塞した現代に風穴を開ける。

766 現代語訳　学問のすすめ　福澤諭吉　齋藤孝訳
諭吉がすすめる「学問」とは？　世のために動くことで自分自身も充実する生き方を示し、激動の明治時代を導いた大ベストセラーから、今すべきことが見えてくる。

877 現代語訳　論語　齋藤孝訳
学び続けることの中に人生がある。――二千五百年間、読み継がれ、多くの人々の「精神の基準」となった古典中の古典を、生き生きとした訳で現代日本人に届ける。

445 禅的生活　玄侑宗久
禅とは自由な精神だ！　禅語の数々を紹介しながら、言葉では届かない禅的思考の境地へ誘う。窮屈な日常に変化をもたらし、のびやかな自分に出会う禅入門の一冊。